◀ 极 简 教 育 技 术 丛 书 ▶

黎加厚 / 丛书主编

极简教育技术与小学数学教学

周雄俊 / 主编

北京师范大学出版集团

BEIJING NORMAL UNIVERSITY PUBLISHING GROUP

北京师范大学出版社

图书在版编目(CIP)数据

极简教育技术与小学数学教学 / 周雄俊主编 . —北京：北京师范大学出版社，2024.4
ISBN 978-7-303-29131-1

Ⅰ.①极… Ⅱ.①周… Ⅲ.①小学数学课－教学研究
Ⅳ.①G623.502

中国国家版本馆 CIP 数据核字(2023)第 089446 号

教材意见反馈　　**gaozhifk@bnupg.com**　　**010-58805079**
营销中心电话　　010-58802135　　010-58802786
北师大出版社教师教育分社微信公众号　京师教师教育

JIJIAN JIAOYU JISHU YU XIAOXUE SHUXUE JIAOXUE
出版发行：北京师范大学出版社　www.bnupg.com
　　　　　北京市西城区新街口外大街 12-3 号
　　　　　邮政编码：100088
印　　刷：北京虎彩文化传播有限公司
经　　销：全国新华书店
开　　本：787 mm×1092 mm　1/16
印　　张：15.75
字　　数：320 千字
版　　次：2024 年 4 月第 1 版
印　　次：2024 年 4 月第 1 次印刷
定　　价：66.00 元

策划编辑：冯谦益　　　　　　　责任编辑：梁民华　冯谦益
美术编辑：焦　丽　　　　　　　装帧设计：尚世视觉
责任校对：陈　荟　　　　　　　责任印制：马　洁

本书编委会

主编：周雄俊

编委：左贤春　汪海鹰　靳亚南　赵　杰
　　　张誉川　康正琼　张　慧　王　惠

总　序

这套丛书为什么叫"极简教育技术丛书"？这源于教育信息化四十多年发展的历史经验。

回首往事，一切烦琐的技术软件都随着岁月流逝飘去，大家离不开的教育技术是极简的技术，它操作简便、实用好用，能够迅速解决问题。

教育部强调要扎实推进国家教育数字化战略行动，提出"应用为王、服务至上、简洁高效、安全运行"的原则。现代极简教育技术就是把"应用—服务—简洁—安全"落实到每个教师和学生的教学活动中。

我想看看机器是如何认识极简教育技术的，就给一个生成式人工智能软件发送提示词：面对飞速发展的人工智能时代，大家都关心如何运用新技术赋能教育发展，请你为"现代极简教育技术"丛书撰写序言。

它立刻回复：

在今天这个充满机遇和挑战的时代，教育不再是传统的、单一的知识传授，而是需要根据时代和学生需求不断调整教学策略和手段。人工智能时代的到来，不仅为教育带来了无限可能，也为教师和学生带来了前所未有的挑战。在这个时代，使用简单、实用、有效的极简技术为教育注入新的能量，让学生掌握更多的技能，成为每一位教师的责任。

"现代极简教育技术"丛书旨在为广大教师提供一种方便、实用、有效的教学工具，让他们能够在课堂中更好地应对人工智能时代的挑战，让学生获得更加丰富和深入的教育体验。本套丛书不仅关注现代教育技术的前沿和创新，而且注重极简技术的应用，帮助教师尽快掌握基本的教学工具和技能，更好地发挥自己的教学优势。

在编写本丛书的过程中，我们深切地感受到了人工智能时代教育领域的创新和变革，同时也深刻地认识到了教育技术应用面临的挑战和机遇。本丛书力求以简洁明了的语言和实用有效的案例，为教师提供全面、深入了解在小学语文、数学、英语教学中应用现代极简教育技术的视角和方法。

我们希望本套丛书能够成为教师的得力工具，帮助他们更好地应对未来的挑战，为学生提供更加优质的教育服务。同时，我们也希望教育领域的专家、学者能够共同努力，推动教育技术的创新和发展，为教育事业的进步贡献自己的力量。

看到屏幕上它撰写的序言，我十分惊讶！今天，连机器都知道极简教育技术对教育发展的意义。

北京师范大学出版社组织"现代极简教育技术"丛书出版选题具有时代价值。出版社在多个有关教育技术在中小学教学中的应用的上报选题中，精心筛选出"现代极简教育技术"丛书，第一批共四本书：

1. 梁凯华主编《极简教育技术教师培训手册》
2. 窦继红编著《极简教育技术与小学语文教学》
3. 周雄俊主编《极简教育技术与小学数学教学》
4. 何其钢主编《极简教育技术与小学英语教学》

参加本丛书编写的作者都是长期工作在学科教学一线的优秀教师和近年来活跃在我国教育信息化领域的中青年学者，他们不仅努力学习和研究本专业领域的理论，而且积极参加各地中小学教师信息化教育培训工作，熟悉中小学教师在信息化教学中所遇到的问题和困难，并积累了丰富的信息化教学实践和改革经验。丛书的编写工作体现了作者团队对极简教育技术的思考和研究，体现了近年来在小学语文、数学、英语等学科教学领域和师资培训中应用极简教育技术的原创性、思想性、实用性、可操作性，体现了理论与实践相结合的中国式极简教育技术特色。

在具体的学科教学中，教师如何进行信息化教学设计，如何提高信息技术在教学中应用的有效性？数字化教育资源建设的方向和具体操作的策略是什么？教师如何针对不同教学问题和教学场景，恰当使用技术赋能减负增效？如何根据教师的实际需求组织信息技术能力提升培训活动？如何在学科教学中用好新技术，让师生有较高的获得感？这是当下教育数字化转型的时代背景下，每一所学校和每一位教师面临的现实问题。

本套丛书的编写将问题导向、基于学科教学的情境作为分类主线，便于读者学习掌握。丛书汇集了基于国家新课程标准的教学设计策略、极简教育技术支持的教学活动案例、实用技术软件的操作使用培训资料、教学资源及网址等。

丛书强调实用性、易学性、针对性，力争做到所有介绍的新技术在教学中的应用必须是"一看就懂、能用好用"。丛书根据不同学科的具体特点，汇集了来自教学一线的学科教师给出的问题方案，包括新的教育理念、新的教学策略、可供读者拿来就用的教学软件和小程序、教学设计方法和案例、可用的教育资源等，让读者在丛书中找到自己所需的极简教育技术。

本套丛书的读者定位是广大中小学教师，强调理论联系实际，解决学科教学各个环节中遇到的具体问题，为提高信息化教学质量服务。

感谢参与本套丛书编写的所有人员对丛书编写工作的倾力投入和支持，感谢丛书作者所在单位的有关领导对丛书和作者的支持，感谢北京师范大学出版社对教育数字化发展战略的支持以及为丛书的出版所付出的辛勤劳动。

本套丛书可以作为中小学教师信息化教育的理论和技术参考书、教师继续教育培训教材、高等院校师范专业的公共教材、高校教育技术专业的研究生和本科生的参考用书。

由于教育数字化转型发展较快，特别是生成式人工智能的飞速发展，教师智能化教学设计能力的提升将面临新的挑战和机遇。

在《极简教育技术教师培训手册》分册中，作者介绍了如何使用生成式人工智能促进教师专业发展的最新内容。目前全球亿万用户每天都在与生成式人工智能互动，而且，我们从事的教育数字化转型是人类教育发展史上从来没有遇到的新事物，一切都在探索和实践中，因此，本套丛书滞后于生成式人工智能的发展速度将是必然的。特此恳请读者批评指正，并欢迎大家与我们一起投入教育数字化发展的战略中，跟上时代的发展，在实践中不断学习。

黎加厚
写于上海师范大学科技园
2023 年 5 月 8 日

前　言

　　《极简教育技术与小学数学教学》一书，是在黎加厚教授的倡导下，以极简教育技术所提出的"掌握简便""解决问题""提高效率"三大特点为基础，结合当前小学数学教学的典型情境，以教师典型的工作流程为主线，由笔者与多位一线教学经验丰富的教师共同编撰而成的。本书以小学数学教学为背景，呈现了利用"极简教育技术"解决教学环节中各类典型问题的高效方法。

　　本书的构架遵循小学数学教师的工作过程，内容丰富，结构紧凑。全书被划分为四章：教学设计与准备、课堂导入与活动、教学评价与管理、教学反思与学生指导。内容包括教学准备、设计、实施、评价、课堂管理、反思以及学习指导等关键环节，场景包括教学资源获取、教师备课、教学工具准备、课堂导入、课堂活动组织、课堂练习、课堂小结、学习支持、课堂评价、课堂管理、教学反思、学生发展等。每节都结合极简教育技术应用的思想，通过典型案例场景的设计，凸显技术学习与解决实际教学问题的紧密结合。

　　本书旨在帮助小学数学教师了解如何运用极简教育技术进行信息化教学，既可作为小学数学教师学习极简教育技术的参考书籍，也可作为师范生进行数学教学训练的辅助资料。本书具有以下特点。

　　真实的应用案例设计。本书运用了大量的实际案例，为学习者提供了技术应用的典型情境，帮助学习者将关注点从技术本身转向教学应用，培养基于技术的教学问题解决能力。

　　极简的技术与设备应用。在解决典型教学问题的过程中，本书注重技术与设备的简便性和易得性，确保所提供的解决方案易于学习、使用，高效且实用，选择的技术解决方案易学，对实践教学的硬件环境要求较低，使解决方案在各类信息化教学环境中均能实现。

典型的小学数学教师工作流程。本书的内容组织形式贴近小学数学教师的工作流程，便于教师根据自身工作流程进行阅读和技术学习。

丰富的微课资源。为了帮助读者更好地掌握技术操作，本书在每个技术应用环节都提供了相应的微课资源，读者可通过扫描案例旁的二维码观看，以便更好地掌握操作技巧。

本书作为"极简教育技术丛书"中的一本，在编撰过程中遵循了《现代极简教育技术》所倡导的四大核心理念，即以人为本、至简为纲、设计导向、实干为要，体现了教育技术的核心价值——以用户需求为出发点，追求简约与实用，注重设计的艺术性和实效性。我们鼓励读者在阅读本书的过程中，深入领会并践行极简教育技术的精髓，坚持"应用为王"的原则。您使用本书时，不必完全遵循本书所设定的场景和提供的解决方案，也不必拘泥于本书的章节编排和逻辑结构。我们提倡您以开放的心态，根据自己在教育教学实践中遇到的具体问题，灵活参考本书中的策略与方法。在受到本书启发的基础上，您可以进一步创新和完善解决方案，构建属于自己的案例库和应用场景。通过这样的方式，您不仅能够更加深入地理解和运用极简教育技术，还能够在实践中不断丰富和发展其内涵。

我们坚信，只有真正将理论与实践相结合，才能在教育技术领域中创造出更多有价值的应用成果。

周雄俊

2023 年 12 月 18 日

目　录
CONTENTS

第一章　教学设计与准备 / 1

第一节　教学资源的极简获取 / 2

问题1：优秀课堂实录的观摩与下载 / 2

问题2：不同版本电子教材和教参的查找与下载 / 6

问题3：教学设计、教学课件、教学论文的查找与下载 / 10

问题4：其他教学资源的查找与下载 / 17

问题5：数学学科工具的选择与准备 / 24

第二节　教师备课的极简手段 / 29

问题1：学生学情分析 / 29

问题2：使用思维导图构建教学设计 / 36

问题3：绘制教学流程图 / 40

问题4：课件制作与修改 / 43

问题5：教学资源再加工技巧 / 48

第三节　教学工具的极简准备 / 60

问题1：AR 等资源工具的准备 / 60

问题2：互动教学的设计与准备 / 63

问题 3：资源推送与接收工具准备 / 68

问题 4：展示交流工具准备 / 71

问题 5：学习小组的组织与学生评价 / 76

第二章　课堂导入与活动 / 80

第一节　极简技术视野下的课堂导入 / 81

问题 1：简易的情景导入 / 81

问题 2：引人入胜的故事导入 / 84

问题 3：吸引力强的游戏导入 / 91

第二节　极简技术视野下的课堂活动开展 / 97

问题 1：学生自主探究的支持工具 / 97

问题 2：小组交流活动的支持工具 / 100

问题 3：教学活动中学生意见的收集与展示工具 / 104

问题 4：发散性思维形成的助力工具 / 107

问题 5：学生探究过程中整理学习成果的工具 / 110

问题 6：课堂探究活动中记录与评价学生的工具 / 112

第三节　极简技术视野下的课堂练习 / 120

问题 1：课堂练习的多样性与趣味性提升 / 120

问题 2：课堂实时评价数据的获取 / 125

问题 3：错题的诊断与收集 / 127

第四节　极简技术视野下的课堂小结 / 134

问题 1：快速梳理本课内容 / 134

问题 2：快速回顾本课核心 / 136

问题 3：作业布置与外延学习支持 / 139

第五节　极简技术视野下的翻转课堂课前学习 / 143

问题 1：翻转课堂中前置任务的布置与提交 / 143

问题 2：翻转课堂中的课前学习情况诊断 / 148

第三章　教学评价与管理 / 150

第一节　课堂评价的极简技术支持 / 151

问题 1：小组合作学习效果的评价 / 151

问题 2：帮助教师构建数学试题库 / 156

问题3：课堂生成的学习成果和教学材料的呈现 / 159

第二节　课堂管理的极简技术支持 / 161

问题1：教学环节的时间提示 / 161

问题2：学生课堂行为的记录与反馈 / 162

问题3：学生课堂活动参与度的提高 / 166

问题4：学生思维成果的整理 / 173

问题5：学生真实情感体验的及时了解 / 176

问题6：课堂管理的其他常用技术 / 181

第四章　教学反思与学生指导 / 183

第一节　教学反思的极简技术 / 184

问题1：教学日志的撰写 / 184

问题2：头脑风暴在教研中的使用 / 185

问题3：课堂观察与评课 / 188

第二节　其他常用极简技术 / 194

问题1：技术支持的教研评课活动 / 194

问题2：利用几何画板创造性地解决问题 / 199

后　记 / 234

第一章
教学设计与准备

　　本章主要针对小学数学教师在信息化教学的准备阶段所需的极简技术进行推荐和介绍，从小学数学课堂准备阶段常见的若干真实情境和问题出发，围绕信息化课堂教学和教师专业发展需求，介绍了数字类教材、教学设计、课件、学科工具等教学资源的获取路径，推荐了学情分析、流程设计、资源加工、师生互动等方面常见的实用工具。文内推荐的技术与工具本着极简应用和服务教学的理念，主要以官方权威平台或资源为主，以师生和家长常用易用的软件为主，也根据特定场景的个别需要推荐了互联网公开的资源。笔者结合具体的场景介绍了各工具或软件的使用步骤，力图助力小学数学教师坚持以生为本，增强课堂的互动性和参与性，有效提高教师日常的教学准备效率。

第一节

教学资源的极简获取

问题1：优秀课堂实录的观摩与下载 >>>>>>>

教学情境：

我们了解到至少有三类数学教师提出需要寻找优秀课堂实录进行观摩。第一类是新上岗的数学教师，除了在学校听优秀教师的课以外，希望能进一步拓宽视野，从多角度学习，以尽快提升自己的教学能力；第二类是有经验的数学教师，虽然多年的教学帮助他们熟悉了教学内容，积累了很多好的教学方法，但是时代在变，学生在变，社会对人才的需求也在变，他们需要不断地更新自己对小学数学教学的理解与认识，需要突破时空、环境等限制，用便捷、有效的方式学习先进的小学数学教学理念、教学方式、技术手段等知识；第三类是准备参加各级各类教学比赛的数学教师，他们需要快速了解目前关于某教学内容已有的优秀教学案例，借鉴其中的优秀做法，找出自己教学设计的创新点。那么，小学数学教师可以通过哪些便捷、有效的路径查询到优秀的课堂实录进行观摩并下载呢？

解决办法：

这里给大家推荐一个资源网站——国家教育资源公共服务平台。目前，小学数学所有版本的教材的知识节点下都有经过国家、省、市精心评选的优课资源供大家学习和下载。优课资源除了有来自全国各地一线教师的教学实录外，还有配套的相关资源。那么，如何查找和下载优秀的课堂实录呢？这里给大家介绍两种方法。

解决办法1：通过"一师一优课　一课一名师活动"查找和下载资源。

1. 打开国家教育资源公共服务平台（https：//www.eduyun.cn/），选择"教师"身份注册账号，登录后可以查看优课及教案、课件等相关资源。"游客"身份可在线浏览，不能下载资源。

首页下方设有"一师一优课 一课一名师"活动链接以及"'一师一优课 一课一名师'活动部级'优课'名单"链接，如图 1-1 所示，通过链接即可进入优课活动专题页面。

图 1-1 访问优课活动链接

2. 打开优课活动专栏，选择优课展示栏目，通过设置学科年级、教材版本、知识章节、获奖年度、优课等级、资源类型等进行精准遴选。以北师大 2011 课标版小学一年级下册"数学好玩——填数游戏"为例，查找到 2016—2017 年两节部级优课(图 1-2)。教师也可选择省级、市级优课进行查看。各级优课都有课堂实录、教学设计、课件、习题、微课等配套资源。

图 1-2 查找搜索优课

3. 选择所需课例，可以在线浏览课堂实录等资源，平台支持教学设计、课件、习题等资源的下载，目前不提供视频下载，详见图1-3。

图1-3　查看优课资源

教师可以通过浏览器下载插件，获取课堂实录的视频资源。

扫一扫，观看详细操作

见视频1-1

解决办法2：通过"找资源"栏目查找和下载资源。

1. 教师登录国家教育资源公共服务平台后，打开首页"找资源"栏目。以北师大2011课标版小学数学一年级下册"数学好玩——填数游戏"为例进行资源搜索，如图1-4所示。

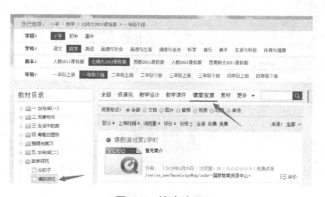

图1-4　搜索资源

2. 点击查找结果进入详细页面，获得"优课"称号的课堂实录有各级优课的标注。这种查找方式不能在线浏览视频，单击"我要下载"，可下载视频及配套资源，如图 1-5 所示。

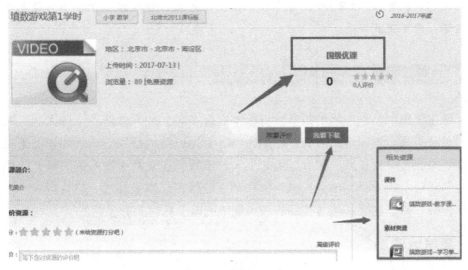

图 1-5 下载课堂实录

扫一扫，观看详细操作
见视频 1-2

资源拓展：

国家教育资源公共服务平台简介

国家教育资源公共服务平台是教育部主办、中央电化教育馆运维保障的教育基本公共服务平台，致力于为全国师生提供具有个性化的空间和服务，有效促进"优质资源班班通"和"网络学习空间人人通"，让优质资源和创新应用惠及人人。为了汇聚优质教学资源，2014—2019 年，中央电化教育馆面向全国教师开展了"一师一优课 一课一名师"资源征集活动，通过该活动汇聚了与教材知识节点一一对应的各类资源，每个教材版本、知识节点均有至少 5 节优秀课例，资源完备，内容丰富。优课分为部级优课、省级优课、市级优课、区级优课，对广大一线教师具有借鉴意义。

优点：该平台资源与知识节点相匹配，方便精准查找，内容丰富，经过层层评审推荐的优课质量高，课堂实录及配套资源可下载。

缺点：资源海量，除了在优课活动主页能精准定位优秀资源外，国家平台其他栏目（如"找资源"栏目）对优秀资源无标注，且大部分视频由于转码问题无法在线预览，需要下载观看。

问题2：不同版本电子教材和教参的查找与下载 >>>>>>>

现在全国中小学生用的数学教材版本有好多种，如人教版、北师大版、冀教版、鲁教版等。不同版本的教材在学习内容、知识结构呈现方式、知识点的难易程度等方面各有特点。一些有经验的小学数学教师在做教学准备的时候，往往会查看不同版本的教材，结合自己教学和学生的特点，取长补短，整合应用。小学数学教师一般能在哪些地方查阅到较为规范的电子教材和教参呢？

教学情境1：

使用人教版小学数学教材的张老师准备上"倍的认识"一课。在做教学设计时，他希望能查到教材分析、课标解读、重难点突破等参考资料，以帮助自己更好地理解教材，思考教法。

解决办法：

我们为张老师推荐了人民教育出版社（以下简称"人教社"）小学数学学科专题网站，这个网站在课程改革、教学研究、课标解读、同步资源等方面有丰富的资源和教学案例，课标解读等由人教社小学数学编辑室组织专家进行，具有权威性。站内一些教学案例来自一线教师的投稿，通过编辑审核，质量能够得到保证。站内资源可以直接浏览和下载，无须注册登录。

解决办法1：利用人教版小学数学同步教学资源网获取相关资源。

打开网址（https：//www.pep.com.cn/xxsx/xkzyjs/），选择同步教学栏目，根据章节知识点搜索，配套资源直接显示，内容可直接浏览、复制（图1-6）。

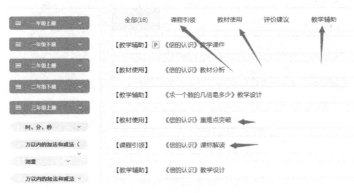

图 1-6　分主题查找资源

解决办法 2：利用人教社课程教材研究所小学数学系列专题网站获取相关资源。

打开小学数学课程教材研究所官网(https：//old. pep. com. cn/xxsx/)，选择教师中心"教学专题"栏目(图 1-7)，通过选择具体知识点，可看到相关课标要求、教材分析、课标解读等内容，点击对应内容可以进入详细页面查看，相关教学资料可以直接浏览和下载使用。

图 1-7　小学数学系列专题页面

张老师迫不及待地打开了小学数学同步教学资源网，按照推荐的方法，顺利查找到了人教版三年级上册"倍的认识"知识节点的相关内容，页面如图 1-8 所示。

图1-8 "倍的认识"教学资源

教学情境2：

"倍的认识"这个知识点是小学生在学习乘除法的过程中的一个难点。张老师阅读了有关人教版的教材分析、课标解读等内容后，决定参考一下北师大版小学数学教材中对该内容的设计，以便综合把握该知识难点的突破路径。经过初步搜索后张老师发现，该知识点被安排在北师大版二年级上册"快乐的动物"部分。

解决办法：

我们给张老师推荐了基础教育教材网（http：//www.100875.com.cn/show/index.html），网站中有北师大版电子教材、课堂实录、课件、教学设计、备课素材等资源，内容丰富，品类齐全，分类清晰，查找便捷。教师可以快速定位所需资源，以游客身份即可查看相关资源，下载资源需要注册登录。

1. 打开基础教育教材网，进入"同步资源"栏目，选择"年级"，如小学数学二年级上册，资源类别选择"电子课本"，搜索结果如图1-9。

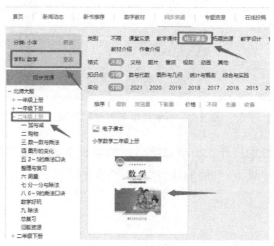

图1-9 搜索电子课本

2. 点击资源链接后，进入教材对应资源页面，选择具体章节，可直接浏览教材内容(图1-10)，保存图片。

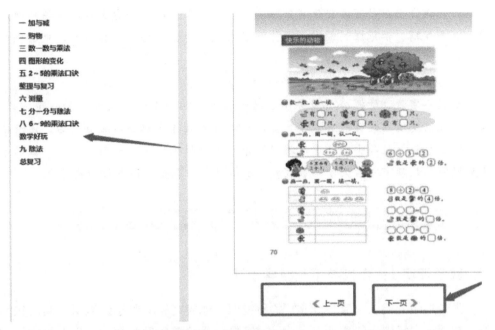

图1-10　浏览教材内容

张老师根据自己的需要找到了"快乐的动物"这部分内容，并按照同样的方法搜索和浏览了教师用书的相关内容，认真学习后开展了自己的教学设计。

资源拓展：

其他极简教育技术手段

1. 西南大学出版社课标教材网。

网址：http：//www.xscbs.com/index.php。

西南大学出版社课标教材网在教材培训、课改研究、课程资源等方面提供了丰富的资源和教学案例解读。课标解读等是由西南基础教育课程研究中心组织小学数学专家进行的。平台中各学科电子教材、电子教参、教案、教辅等资源完整，导航清晰，类型丰富。素材库栏目提供相关知识点的清晰图片，用户不用注册即可浏览和下载平台资源。

2. 青岛版教材数字版官网。

网址：http：//edu.qdpub.com。

该网站为2020年青岛出版社建立的数字教材资源网站，仅提供了青岛版教材的电子版资源。用户不用注册，打开对应链接即可在线预览和下载PDF文档。

3. 河北教育出版社官网。

网址：http：//www.hbep.com/Home/Index。

河北教育出版社官网提供冀教版教材、配套资源库，平台上有各学科电子教材、电子教辅、示范课、教案、课件、微课等，类型齐全，内容丰富，更新频率快，用户需要注册并登录后方能下载资源。

4. 全国各省教育资源公共服务平台。

全国各省教育资源公共服务平台通过官方网站、微信公众号、App 等方式，向师生提供本省的优秀教育教学资源，如四川省教育资源公共服务平台、河南省中小学数字教材服务平台等通过不同媒介形式为师生提供多种数字教材、微课等优质资源。教师可以搜索本省教育资源公共服务平台查找和下载相关资源。

> **问题 3：教学设计、教学课件、教学论文的查找与下载** >>>>>>>

教学情境 1：查找与下载教学设计

张老师最近要上一节"平均数"的研究课。他研究教材时感觉教材内容比较简单，然而从实际应用的角度看，"平均数"看似是简单的数学概念，但它的应用非常广泛，无论是在日常生活中，还是在科学研究中，都要用到"平均数"。从教材编排的角度看，新教材把"平均数"放在了统计与概率的内容板块。教师需要帮助学生正确理解"平均数"的意义、特点和作用。为了突破难点，张老师尝试做了几种教学设计，但感觉都不能很好、很自然地解决问题、突破难点。怎么办？他想到了向别人学习。但是，他如何在最短的时间内足不出户向更多同行、前辈学习经验呢？

解决办法：

我们给他推荐了一个资源网站——百度文库。教师可以通过各大平台搜到很多资源，但需要一一鉴别其质量。这里推荐百度文库，该平台资源类型丰富，有基础教育专栏资源，同时对资源进行了星级分类，教师可以优先查看评分高的资源。

1. 打开百度文库首页(https：//wenku.baidu.com/)，在搜索框输入"平均数教学设计"，通过对资源进行文档格式、页数等筛选，按照评分和下载量等排序(图 1-11)，从中择优选取资源。

图 1-11 搜索"平均数教学设计"

2. 筛选资源后点击文字链接打开浏览。张老师通过百度文库找到了很多有关"平均数"的教学设计案例。最让他惊喜的是,他找到了全国数学名师张齐华和吴正宪关于这部分内容的教学设计和教学文字实录。这两份资料的评分都在 4 分以上,他通过线上浏览后觉得很不错,准备下载下来仔细学习。

3. 进入详细页面下载文档资源。下载文档需要满足两个条件:一是登录百度账号,二是在百度文库平台中有足额的下载券。教师可以参加百度文库的活动兑换下载券,或者购买 VIP 会员享受更多权益。

张老师学习了数学名师的教学设计,理解了他们的设计意图后茅塞顿开。他结合之前自己的研究思考,从引入真实的生活场景开始了自己的教学设计,力图通过让学生感受、经历平均数的产生过程,达到理解平均数的意义的教学目标。

教学情境 2:查找与下载教学课件

教学设计完成后,张老师又在思考:学生通过体验式学习理解了"平均数"的意义后,可否用一些交互强的课件设计来帮助学生进一步巩固和运用所学知识呢?由于他平时的教学任务比较重,因此完全自己设计、自己制作交互性强的课件还是有点费事、费时。能不能寻找到一些合适的课件进行再加工呢?

解决办法:

我们为他推荐了两个课件制作软件:101 教育 PPT 和希沃白板 5。这两个软件中有丰富的、免费的、与教材内容相匹配的教学课件,在软件上下载课件后可以直接编辑修改,在电脑端、手机端都可以使用,便捷、高效。

解决办法 1:利用 101 教育 PPT 查找课件。

1. 打开 101 教育 PPT 官网(https://ppt.101.com/),下载并安装软件,打开演示文稿后,软件右侧自动显示 101 教育 PPT 的相关工具箱。

2.在工具栏"章节选择"中设置具体章节后选择"开始备课"，选择"课件"工具后，能看到对应该知识章节的课件，教师可以"预览"或"插入"自己所需的课件内容。

3.下载相关课件后，系统会自动显示课件编辑界面。101教育PPT还在具体章节下对应提供了微课、多媒体、习题、3D等资源库，教师可以选择插入课件，快速制作出自己的课件。

扫一扫，观看详细操作
见视频 1-3

解决办法2：利用希沃白板5下载和制作课件。

1.打开希沃白板5(https：//easinote.seewo.com/)，下载并安装软件，注册账号后登录，进入"课件库"，选择教材版本和知识节点。以"平均数"一课为例，课件库中有多个与"平均数"相关的互动课件(图1-12)。

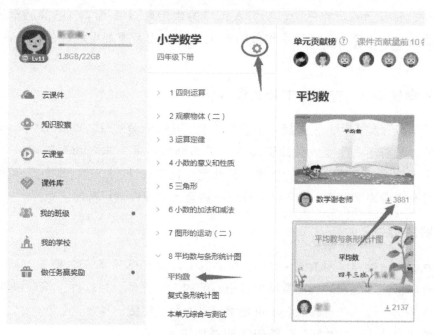

图 1-12 选择互动课件

2. 单击课件浏览，进入后可以查看该资源的具体评分、大小、下载次数等，根据需求筛选课件后，点击获取课件，可自动保存在希沃云课件中。教师可以编辑课件内容。

张老师觉得两种方法都很不错，根据以上方法快速找到了心仪的课件，并根据自己的教学设计对课件进行了编辑和修改，形成了自己的课件。

教学情境 3：查找与下载教学论文

几天后，张老师的数学研究课得到了研究小组的好评。小组成员以这堂课为例，开展了主题讨论。大家围绕研究主题积极发言：有探讨得失的，有总结规律的，有提炼策略的，有验证猜测的……热烈的讨论结束后，教研组组长请张老师再接再厉，以研究课和研究讨论为载体，结合大家近期的主题研究成果撰写一篇数学小论文。数学小论文应该是什么样的呢？应该怎么写？他又皱起了眉头……

解决办法：

我们给他推荐了百度学术和全国图书馆参考咨询联盟。

百度学术汇集了海量学术资源，为教师提供了全面快捷的学术服务，文献检索方便，同时在文献互助资源库方面有自己的独特优势。教师可以通过用户间的文献互助，获得所需文献资料。

全国图书馆参考咨询联盟拥有全国最大规模的中文数字化资源库群，涵盖图书、期刊、报纸、论文、音视频、专利等资源类型。教师在这个平台可查询全国公共图书馆的地方文献数据和特色资源库，通过平台提供的网络表单咨询、文献咨询、电话咨询和实时在线咨询等多种服务方式获取所需资源。美中不足的是只能获取关键词、摘要等简单信息，不能在线浏览具体内容，需要下载后方可查看。另外，资源的获取不是实时的，在工作日才能获取。

解决办法 1：利用百度学术查找教学论文。

1. 进入百度学术官网(https：//xueshu. baidu. com/)，以"小学数学平均数"为关键词搜索相关论文，文献可以按照与主题词的相关度、被引量、发表时间等进行排序。图 1-13 是按照被引量搜索排序的结果。教师可选择需要的文章，点击下载链接获取相关论文。

图 1-13　搜索论文

2. 以《模型思想在小学数学教学中的应用研究》一文的下载为例，点击下载链接后，会自动跳转到提供下载的网页，如图 1-14 所示，这篇文章由爱学术网站提供。

图 1-14　点击下载

按照下载提示，扫码关注"爱学术"公众号后，电脑端会自动跳转到下载页面，按照相关提示下载，可获得所需文献。

3. 对于未提供下载链接的文献资料，教师可以通过百度学术中的文献互助功能(图 1-15)，获得网友的帮助，一般提交互助需求 1～2 小时后就会有网友回应。

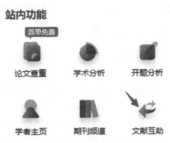

图 1-15 文献互助

解决办法 2：利用全国图书馆参考咨询联盟查找教学论文。

1. 打开全国图书馆参考咨询联盟网站(http：//www.ucdrs.superlib.net/)，在搜索栏输入关键信息，选择图书、期刊、学位论文等资源库进行查找。这里以期刊搜索为例(图 1-16)，通过"标题"搜索主题词"小学数学平均数"。

图 1-16 输入关键词搜索

2. 进入搜索结果页面，可根据期刊名选择合适的资源(图 1-17)。

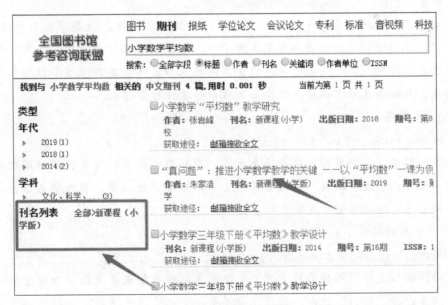

图 1-17 选择目标文献

以《"真问题"：推进小学数学教学的关键——以"平均数"一课为例》这篇文献

为例，点击链接后页面如图 1-18 所示，点击右侧的"邮箱接收全文"，按照提示填入正确的邮箱，确认提交，即可获取相关资料。

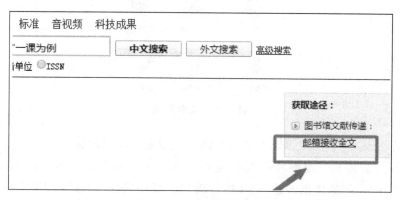

图 1-18　邮箱接收全文

张老师又开始了新一轮的学习，通过以上方法查阅了《人民教育》《小学数学教师》《小学数学教育》等期刊中关于"平均数"的文献资料后，对即将撰写的论文有了眉目。

资源拓展：

其他极简教育技术手段

1. 虫部落·快搜网。

网址：https：//search. chongbuluo. com/。

虫部落·快搜网是一个提供网页搜索、数据检索、信息搜集等服务的网站，汇聚了多个搜索引擎，从资料类型和搜索引擎入手，提供了学术、电子书、图片等多种资源搜索方式，内嵌了丰富的资源网址入口，方便教师在多个搜索引擎之间切换，可以满足日常教学资源准备过程中的各种搜索需求。[1]

2. 学科网。

网址：https：//sx. zxxk. com/。

学科网平台上的资源由教师用户上传、学科网合作学校特供、学科网教研团队精品开发三种途径提供。一线名师作为审核专家严把质量，类型涵盖课件、教案、试卷等，内容丰富，更新快。

3. 中国国家数字图书馆。

网址：http：//read. nlc. cn/user/index。

中国国家数字图书馆为读者提供了丰富多样的在线电子资源，为注册用户提供了涵盖古籍、图书、论文、期刊、音视频、少儿资源等多种类型的数字资源在

① 黎加厚、鲍贤清：《现代极简教育技术》，65～66 页，北京，北京师范大学出版社，2020。

线服务。小学数学教师需要的论文、期刊等资源也可以在中国国家数字图书馆查询和浏览。此外，中国国家数字图书馆还有手机端 App 和微信小程序，方便读者通过移动端随时查阅资源。

4. 中国知网。

网址：https：//www.cnki.net/。

中国知网为读者提供中国学术期刊、学位论文、会议、报纸、年鉴等资源检索、在线阅读和下载服务功能，内容齐全，资料丰富。教师可以查询有效的资源和文献，需要注册及购买资源。

问题 4：其他教学资源的查找与下载 >>>>>>>>

教学情境 1：查找教学故事、文化知识等资源

张老师很喜欢给学生讲故事。教学"分数的认识"之前，通过研究，他认为学生对分数的初次感知非常重要。那么，怎样才能在第一次认识分数时，就让学生对它有深刻的印象呢？张老师决定从故事入手，查找一则有趣的故事，将其作为分数教学的开始，这样既可以创设有趣的学习情境，调动学生的兴趣，又可以利用故事素材帮助学生更好地认识分数的产生及意义。那么，应该去哪里找与教学内容有关的故事呢？

解决办法：

我们在本节问题 3 中推荐了全国图书馆参考咨询联盟网站，通过内容搜索图书类别，能快速搜到所需图书。

1. 打开全国图书馆参考咨询联盟官网，选择"图书"选项，输入"分数的故事"进行搜索。张老师找到了《斯蒂文讲的分数和小数的故事》。

2. 点击试读按钮进行图书试读。试读了一部分故事后，张老师惊喜万分。他发现在平时的分数教学活动中，教师总是让学生从分苹果、分饼入手，虽然情境创设源于生活，但他总觉得还是有点俗套。这个故事从古代人对公平分配食物的需求出发，引出分数产生的必要意义，更加真实，也利于学生接受。他还发现了好几种对分数学习有利的素材，如他发现了一幅很有利于学生学习分数中的"单位 1"的图。他准备认真读这本书，从中选择一些内容作为本课导入环节的内容。

3. 在图书详细页面，通过图书馆文献传递功能，按照内容填写电子邮箱等相关信息可以获取资源。需要注意的是，每次每本图书咨询不超过 50 页，所有咨询内容有效期为 20 天，如图 1-19 所示。

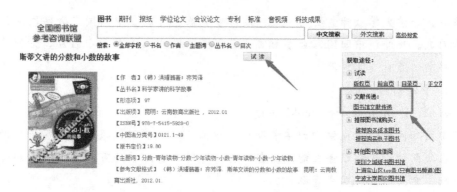

图 1-19　文献试读和传递功能

　　按照上面的方法，张老师阅读了这本书，从中截取了两则材料作为本课导入环节的内容。不仅如此，张老师还马上在教学设计流程图"为学生推荐数学阅读读物"环节中把这本书的信息记录了下来，非常贴心地把网站提供的本书信息复制了下来，准备课后通过班级群发送给学生，鼓励他们利用休息时间自由阅读这本书。

资源拓展 1：

其他极简教育技术手段

1. 人民教育出版社官方网站小学数学资源网。

网址：https://www.pep.com.cn/xxsx/。

　　人民教育出版社官方网站小学数学资源网中除了有同步教学资源外，在"发现"栏目还有数学典故、数学人物、生活中的数学等专题栏目，故事内容丰富，趣味性和可读性强，与数学知识结合紧密。

缺点：故事未定义知识点标签，不能按知识点快速定位具体故事。

2. 奥数网小学数学专题网。

网址：http://www.aoshu.com/xxsx/。

　　奥数网小学数学专题网收录整理了与小学数学相关的教学资源，如电子课本、课件、教案、论文等，可以按教材、章节快速查找。此外，平台还设有数学文化、数学故事、数学人物、数学游戏等，还有来自小学生的数学日记、手抄报等，内容丰富、有趣。

缺点：平台内容未为故事定义知识点标签，不能按知识点快速查找，网站中广告链接多。

教学情境 2：查找微课等资源

　　张老师同年级数学组的教师都很认可他推荐的这则故事。大家在集体备课时讨论道：用这则故事引入教学，学生会更容易理解分数产生的必要性，更容易产生进一步学习分数的愿望。教师可以试着改变一下教学方式，为学生准备一个学习资源包，包括"分数的认识"微课资源和一些拓展阅读资料，发给学生，让其独立自主地进一步认识分数，教师在个性化教学的同时进行个别化的帮助，之后用学习测试的方式检测学生自主学习的效果，并根据反馈有针对性地对问题和重点进行指导或强调。对教学方式达成共识后，小组成员马上就开始了分工，李老师负责查找微课资源，刘老师负责查找拓展阅读资料……寻找与教学内容配套的微课资源是很多教师非常需要的，应该到哪里查找呢？

解决办法：

我们推荐两个实用工具：乐乐课堂的乐学堂和学习强国 App。

乐学堂是乐乐课堂专为教师教学制作的资源平台，教学资源涵盖多学科、全学段，每个知识点提供约三分钟的微课短视频、精品经典题库、专业（物理和化学）实验视频、动态演示画板四个模块，辅助教师高效备课、授课。教师注册账号后可免费获得相关资源。知识点视频讲解生动有趣，配有不同难度的精选习题。配合乐学堂学生应用端，教师能快速制作课前导学及课后练习资源并将其推送给学生，利用平台进行学情分析。

学习强国是一个综合性的学习平台，支持网页版和手机 App 端，为用户提供了海量免费的图文和音视频学习资源。资源种类丰富，涵盖党建、教育、科技、经济、国际、文化、旅游等多个主题，聚集了广播、电视台等直播资源。平台教育主题板块汇聚了国家资源公共服务平台、各地区教育平台、商业教育类平台推荐的优质免费视频资源，无广告，视频可直接播放。不足之处是资源未按知识点所在章节进行排列，比较分散，需要教师自行搜索。

解决办法 1：利用乐学堂获取微课等资源。

1. 打开乐乐课堂官网（http：//www.leleketang.com/），以教师身份选择乐学堂，注册账号后登录，按照提示设置好学段、学科、学校信息，进入备课。

2. 根据需要选择教材、年级、知识点，这里以北师大版小学数学三年级下册"认识分数——分一分"一课为例，查找到该资源，选择"知识点视频"播放和下载（图 1-20）。

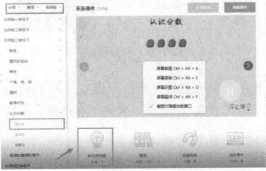

图 1-20 通过章节知识点查找课件

3. 每天可免费下载一个微课视频，在线浏览数量不限。如果教师需要下载多个视频，在在线观看过程中也可以通过浏览器的视频插件进行下载。

扫一扫，观看详细操作
见视频 1-4

解决办法 2：利用学习强国获取微课资源。

打开学习强国官网(https：//www.xuexi.cn/)，在搜索栏输入关键词进行查找即可在线浏览资源，用浏览器下载插件可以保存视频。这里介绍手机 App 下载资源的方式。

1. 打开学习强国 App 后，输入"认识分数"进行资源查找，从结果中选择"视频"类资源，就可以看到关于"认识分数"知识点的视频资源(图 1-21)，有微课、课堂实录等。

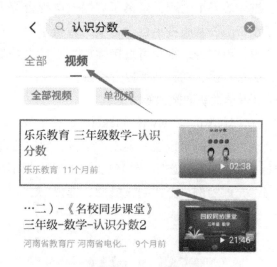

图 1-21　搜索资源

2. 选择所需微课，在线浏览时复制资源链接，用手机端 QQ 浏览器打开链接，通过"工具箱"的"资源嗅探"功能，下载并保存资源到手机中(图 1-22)。

图 1-22　下载视频

扫一扫，观看详细操作
见视频 1-5

拓展资源 2：

其他极简教育技术手段

1. 洋葱学园。

网址：https：//yangcongxueyuan.com/。

洋葱学园小学数学课程借有趣的动画故事情境，引出数学问题，帮助学生探究知识背后隐藏的数学原理，目前微课资源已完整覆盖小学数学 3～6 年级，并对应教材章节和知识点，支持教师电脑端备课软件、师生移动端教学应用程序，能帮助教师有效备课，促进师生教学相长。微课资源须付费使用。

2. 101 教育 PPT。

网址：https：//ppt.101.com/。

101 教育 PPT 是一款服务于教师备课和授课的 PPT 课件制作与互动教学软件，拥有丰富的教学资源、实用的教学工具，并且与教材知识点一一对应，可辅助教师轻松备课、高效授课，其中课件、微课、习题等资源获取途径详见本节问题 3。

教学情境3：查找数学练习题等资源

"学练结合、精讲多练、变式练习……"这些词语都是数学教师常挂在嘴边的，练习题、测试题是小学数学教师非常需要的资源。集体备课之后，接到分工任务的张老师也在忙着设计和查找一些关于"分数的认识"的练习题。他准备收集一些练习题，按照难度进行分类，结合学生当天的学习结果分层推送。

解决办法：

我们为他推荐了学科网和组卷网。

学科网资源有教师用户上传资源、学科网合作学校特供资源、学科网教研团队开发精品资源三种。平台资源按同步教材资源、试卷、知识点等分类，涵盖教案、课件、试卷、视频等，内容丰富，更新快。资源由一线名师作为审核专家严把质量关，平台提供免费资源、精品资源、第三方优质资源，教师可以按需选取。

组卷网是学科网旗下、汇集中小学各科的题库大全，支持网页端和微信小程序端。教师可以按照章节、知识点、考试套卷等智能自定义选题组卷，还可以利用组卷网微信公众号成立班级、布置作业、下发作业、快速阅卷。

解决办法1：利用学科网查找习题。

1. 打开学科网(https://sx.zxxk.com/)，注册用户并登录后，选择"小学数学"主题后，点击"试卷"，进入资源查找界面。

2. 打开试卷栏目，从教材、试题类型、知识点等分类中搜索资源，选择试题资源进行预览和下载。

此外，从学科网微信小程序也可以快速查找相关资源，平台也有课件、微课视频等各种丰富的资源。

扫一扫，观看详细操作
见视频1-6(左)和1-7(右)

解决办法2：利用组卷网查找习题。

1. 打开组卷网(https://zujuan.xkw.com/)，也可以通过学科网的组卷栏目进入，选择学科学段、教材版本等，以按章节选题为例，快速定位具体章节，可浏览各类试题详情(图1-23)。

图 1-23　浏览试题详情

2. 习题可以根据时间、热度等排列，每道习题都有来源及难易系数标注。教师可以查看试题相关知识点、答案和解析等信息，可以选择试题快速制卷。

3. 教师可以对选择的试题进行编辑，将已选习题自动生成测试格式或作业格式，满足自己对试题排序、分值设置等的需要，如图 1-24 所示。

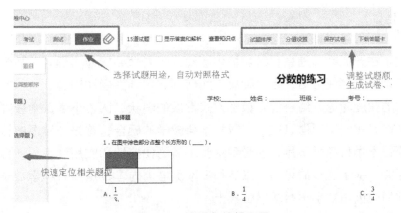

图 1-24　查看与编辑习题

4. 试卷存档后，教师可以在"我的组卷"中快速查找已组试卷。

此外，通过组卷网的微信公众号也可以进行习题查找、作业布置、统计分析等。

扫一扫，观看详细操作

见视频 1-8

资源拓展 3:

其他极简教育技术手段

1. 超级试卷王微信小程序。

超级试卷王微信小程序汇集了中小学各学科的考试题库。教师进入小程序,按照类别或知识点可以查找到对应年级和学科的试卷,通过简单几步就可以完成试卷编辑下载。

2. 奥数网小学数学专题网。

见第一章第一节的问题 4 中的资源拓展。

问题 5:数学学科工具的选择与准备 >>>>>>>

教学情境:

学校正在开展教师信息化教学培训活动,张老师要作为培训者对数学教师进行专题培训。接到任务后,张老师思考如何确定培训主题和内容。他从教师教学活动需求的角度考虑,结合混合教学方式发展的现状,认为小学数学教师要推进课堂教学信息化,实现信息技术与数学学科教学的融合,首先应该了解目前已有哪些极简数学学科教学工具,感受到这些工具的便捷性和实用性后,便自然会去尝试与探究。基于这样的思考,张老师把本次培训内容聚焦到为小学数学教师推荐一些常用的极简数学学科教学工具上。

解决办法:

我们给张老师推荐了一张常用数学学科教学工具列表(表 1-1),建议他根据学校教师的实际需要、应用场景等具体情况选择合适的工具推荐给大家。

表 1-1　常用数字学科教学工具列表

分类	工具名称	功能简介
数学自主学习	乐乐课堂	乐乐课堂是一个基于移动互联网平台的中小学个性化学习网站。该网站将中小学知识打散为一系列小知识点,并对每个知识点用约 3 分钟的短视频进行讲解,同时还配以相应的练习。学生通过看视频、做练习,达到学习知识、掌握知识的目的。 网址:http://www.leleketang.com/。
	洋葱学园	洋葱学园目前涵盖了数学、语文、英语、物理、化学等学科的微课学习资源,将知识点进行详细拆分,贯穿小学至高中,分层设置课程体系,每个视频融入幽默的情节、有趣的动画和丰富的扩展知识,用 5 分钟左右的时间讲透一个知识点,利用多媒体交互的技术手段提升学习效率。 网址:https://yangcongxueyuan.com/。

分类	工具名称	功能简介
数学自主学习	数学乐	数学乐是一个有关数学方面的教育学习网站，涵盖了从幼儿园到高中的数学知识，包括数学、代数、测量、数学游戏、任务表格、数学拼图、数字术语字典、与金融有关的数学常识等资源。学生按照不同的数学模块可以学习课程、练习、体验不同的学习资源。 网址：https：//www.shuxuele.com/index.html。
数学学习检测	速算盒子App	速算盒子是一个用来提高小学生口算能力的App，主要针对小学数学，具有题库海量、出题高效、无须批改等特点。
	狸米小学数学	狸米小学数学是由教育部投资开发的面向小学数学学习的一套软件系统，包括学生用的"狸米学习"、教师用的"狸米老师"和教学管理者用的"狸米大数据"，题库内容丰富，通过300万道优质评测题目和50万个题目讲解视频，系统自动推送相同题型的题目给学生，是一种自适应的练习系统。 网址：http：//www.limixuexi.com/。
	作业盒子	作业盒子是一款移动作业工具，支持移动端和电脑端，具有海量试题资源，能减轻教师作业批改负担，还具有移动办公、拍照上传、师生通信、多种题库、学情分析、智能统计等功能。
	数学口算练习	微信小程序，适合儿童口算训练。
	学而思口算	微信小程序，适合儿童口算训练。用户可以自己天天练，与自己比拼；也可以与小伙伴比拼。使用者可以根据年级选择不同的口算试题，提高口算能力。
数学符号与公式录入	Office	插入选项卡中，自带公式和符号编辑器。
	数学工具	数学工具是专为中小学数学教师量身定做的，用于进行电子备课、试题编辑、课件制作的通用工具软件。该工具弥补了Word编辑过程中输入各种数学图形、符号、公式等不方便的缺点，减少了编辑数学试卷等工作中的大量重复劳动，极大地提高了工作效率。
	MathType	MathType是一个数学公式编辑器，支持在任何文字处理软件、演示程序、页面程序、HTML编辑工具及其他类型的软件中建立公式。中小学教师可以用它来编辑数学试卷、论文、幻灯片等，是编辑数学资料的得力工具。
可视化图形绘制	几何画板	几何画板是一款专业的几何绘图工具，简洁易用，有助于教师解决制作几何课件难的问题，主要功能包括绘制平面、立体几何图形，将线段进行等分，作垂线、平行线，给图形自动添加标签等，使图形上下、左右360度旋转及无限放大、缩小，动态演示图形变换过程等，是制作数学教学课件的必备工具。

分类	工具名称	功能简介
可视化图形绘制	玲珑画板	玲珑画板是一款实用的动态数学教学软件,使用起来非常方便,不仅可以直接绘制平面几何、立体几何、解析几何、函数、不等式等图像,还具备强大的动态展示功能,非常适合数学的教与学。 网址:http://www.linglong3d.net/。
	超级画板	超级画板是由数学家、数学教育家、中国科学院院士张景中教授主持开发的,是为我国基础教育量身定做的数学教学软件,集数学工具和课程资源于一体。智能画笔构图方便,函数作图功能强大,运动跟踪方式多样,动态测量计算便捷,图形变换控制容易,是目前功能最完善的动态数学平台之一。网页版界面简洁,能直接做演示类的课件展示。
	希沃白板 5 数学画板	希沃白板 5 中的数学学科工具包括几何(绘制几何图形)、公式(输入各类数学公式)、函数(呈现各类函数图像)、数学画板(数学公式动态推导展示)和数学小测(课堂小练习)五个功能模块。在希沃学院可学习数学画板的应用课程。 网址:https://study.seewoedu.cn/tCourse/group/39b1748a478f40e7bf85a8d349cc4ee7/course/b468eca53456437ba508ee8abe30d1a1。
	GeoGeBra	GeoGebra 是自由且跨平台的动态数学软件,供各级教育使用,包含几何、代数、表格、图形、统计和微积分。GeoGebra 融合了代数与几何两大学科,做到了图形与代数方程的同步变化,实现了真正的动态演示。 网址:https://www.geogebra.org/。
	火花学院	火花学院提供各种可视化内容与工具来帮助学生构建心智模型,通过可视化工具包将一系列知识模块制作成专题,充分利用科学可视化的展现方式,让知识更直观。 网址:https://www.huohuaschool.com/。
测量	测距仪应用程序	测距仪 App 是一款用 Flash 开发的数学软件,汇聚了大量小学数学中常用的教具(如钉板、时钟、计数器等),操作极为简单,在软件界面即可动态操作这些元素。
单位换算	单位换算 换算 单位换算器	微信小程序,精准换算重量、体积等计量单位。
备授课	希沃白板 5	希沃白板 5 是一款专门针对教学场景设计的互动课件工具,提供课件云同步、学科工具、思维导图、课堂活动、超级分类等多种备课和授课常用功能,让您备课和授课轻松、便捷。 网址:http://easinote.seewo.com/。

分类	工具名称	功能简介
备授课	鸿合可乐学习	鸿合可乐学习是一款面向小学数学教师、小学语文教师和中学数学教师的备课和授课及教学互动产品，在大幅度提升教师备课效率的同时，支持教师与学生进行课堂、课后教学互动。 网址：https://pie.hitecloud.cn/pie/default/kelexuexi。
	101教育PPT	101教育PPT是一款专门服务于教师的备授课一体化教学软件，提供教学所需的课件、微课、教学设计、习题等资源，提供互动工具、学科工具等多元化工具，并提供多端录课、云端存储等教学常用功能。 网址：http://ppt.101.com/。
	优幕（UMU）	优幕是一个有效的互动学习平台，帮助师生进行知识传播与分享，能够将教师已有的视频、课件转化为在线互动课程，还具备课堂投屏、微课制作、课堂互动、考试测评、教学直播等功能，支持电脑端和移动端，为教师极简教学提供技术支持。 网址：https://www.umu.cn/home。
	雨课堂	雨课堂是一款让师生能更多互动、教学更为便捷的智慧教学工具，由清华大学在线教育办公室组织研发，文理工一线教师全程参与，把支持课堂师生互动的强大功能嵌入Powerpoint工具栏，教师通过微信扫描登录后即可将视频、习题、语音等课前预习课件推送到学生端，支持课堂上实时答题、弹幕互动等。 网址：https://www.yuketang.cn/。
课堂教学系统	微助教	微助教是一款课堂互动应用工具，有基于微信、操作简便、方便实用、趣味性强的特点，提供课堂签到、课堂测试、课堂讨论互动、即时统计等多种功能，以游戏化思维鼓励学生积极参与课堂互动，有利于教师积极开展教学实践与创新。 网址：https://portal.teachermate.com.cn/。
	希沃易课堂	希沃易课堂是一款常态化智慧课堂应用工具，覆盖课前、课中、课后全教学流程，用简单实用的工具改变传统教学方式，打造全员参与、互动生成的智慧课堂。 网址：https://class.seewo.com/software。
	九一速课	九一速课是一款移动教学应用工具，功能强大，操作便捷，教师无须安装App就能轻松玩转移动信息化课堂，可一键开班开课，与线下教学同步管控教学进度，随时向学生推送课件、资料、测试、公告等，实现教学任务实时传达。课堂教学过程中，师生还可以通过签到、抢答、点名等课堂互动促进交流。学生可以借助微信端进行在线实时、分段学习，实时接收教学内容。 网址：https://www.91suke.com/。

分类	工具名称	功能简介
课堂教学系统	钉钉	钉钉是一款支持家校沟通、班级管理、直播课堂、作业辅导、活动打卡的软件。师生通过钉钉家校通讯录实名认证，沟通便捷。钉钉班级群支持直播上课，视频支持长期回看，群文件、班级圈照片长期保存。钉钉家校本支持在线布置课后作业，教师可及时掌握学生的学习进展，并能对学生作业进行评价和分享，帮助学生有效地查漏补缺。 网址：https：//www.dingtalk.com/。
在线直播系统	腾讯课堂	腾讯课堂是腾讯推出的专业在线教育平台，下设众多在线学习精品课程，支持教师开展线上直播教学、学生及时互动学习，支持屏幕在线分享、课件展示、音视频直播、参与人员学习时长统计等，支持 Windows 端、Mac 端和移动客户端实时互动，软件免费，功能强大，平台稳定。 网址：https：//ke.qq.com/。
	CCtalk	CCtalk 是一个实时互动教育平台，支持在线发题、课件展示、语音互动、白板书写、屏幕分享、直播人数分析等多种功能，支持创建 CC 群、讨论组群聊，支持课后交流学习、随时随地讨论，支持移动端、PC 端实时互动。 网址：https：//www.cctalk.com。
班级管理系统	班级优化大师	班级优化大师是一款班级管理工具，支持课堂管理、家校管理、班务管理三大核心应用，以激励性的评价机制帮助教师打造游戏化的信息化教学，在营造课堂学习氛围、记录学生成长、家校沟通等方面有独特优势，支持网页端、移动端，班级管理数据可同步更新。 网址：https：//care.seewo.com/。
	晓黑板	晓黑板是一款专门根据教师与家长需求定制的教学沟通工具，支持班级管理、作业布置、家校沟通、学生成长记录等功能，提供手机版和网页版。 网址：https：//www.xiaoheiban.cn/#/。

看到这张工具列表，张老师突然萌生了一个想法。这几天正教学立体几何图形，需要帮助学生在头脑中建立基本图形空间表象，最好是一说到正方体，学生脑海里就有一个正方体在旋转；提到圆柱，就有一个圆柱在翻滚。可是根据教学经验，张老师发现，始终有一部分学生很难形成空间想象能力。之前张老师还从教学设计、学习方式、学习内容上下功夫，现在看到这张工具列表，他心里有了底，决定先认真学习工具列表中的可视化图形绘制工具，并在这次培训中重点讲画板工具的使用。

第二节

教师备课的极简手段

问题1：学生学情分析 >>>>>>>

小学数学教师需要围绕目标，针对学情进行科学的教学设计。有效的学情分析至关重要，是影响教学设计最终效果的重要因素。极简教育技术如何支持数学教师进行学情分析呢？

教学情境：

根据学校的安排，张老师临时接手了一项中段班级的数学教学任务。教学活动即将进入"位置与方向"部分，张老师有点困惑：在第一学段，学生已经学习了"位置与方向"的一些知识，第二学段的学习应该是在之前的基础上进一步掌握确定物体位置的基本方法，即根据物体相对于参照点的方向和距离确定其位置，描述简单的路线图。但是张老师对学生的熟悉程度还不够，如这个班的学生对方位的学习情况和对用数确定物体位置的方法掌握情况如何，对知识点的理解和实际应用有多大差距，用数学语言表达和描述位置与方向的能力如何，几十个学生对知识点掌握的熟练程度和能力等差异性怎样。张老师意识到如果不对这些学情进行分析，就无法有效对本阶段教学内容进行设计与思考。

解决办法：

我们给他介绍了四种办法。

一是利用 QQ 群的群作业功能发布课前检测来分析学情。QQ 群是目前班级管理中常用的平台，方便教师推送图片、视频、文件等学习资源，还能发布在线检测。教师可以通过课前检测及时掌握学情，家长、学生不需要另外下载软件、注册账号。

二是通过问卷网、问卷星等问卷工具发布检测性试题、调研问卷来分析学情。这些问卷工具支持手机端、电脑端等，功能齐全，方便使用。

三是利用希沃班级管理软件——班级优化大师发布检测和调研试题来分析学情。班级优化大师是一款非常好用的记录学生点滴成长的班级管理软件，可通过布置作业等功能发布检测，还能通过对学生进行多维度评价记录，自动生成学生个人数据报告，支持手机端、电脑端应用，且多终端数据自动同步。班级优化大师也可以与希沃白板5、希沃易课堂等软件配套使用。

四是利用微信小程序作业登记簿发布检测来分析学情。它是一个帮助教师管理班级、发布班级公告、在线批改作业、及时反馈、记录学生日常、实现多维度评价的微信小程序。师生无须安装软件，进入小程序即可使用。

解决办法1：利用QQ群的群作业功能发布检测。

1. 打开班级QQ群对话框，选择"群应用"，在"应用中心"选择"作业"，进入布置作业界面，如图1-25所示。作业支持自定义科目，内容支持图片、视频、文件、在线习题、微课等类型。

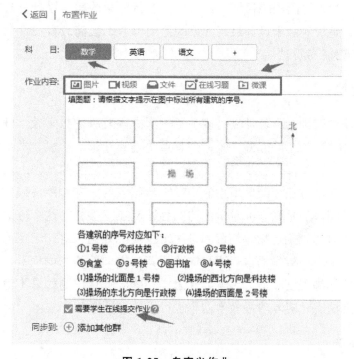

图1-25 自定义作业

2. 根据实际需求，插入图片、微课、视频链接、文件等。QQ群的群作业还支持在线习题的发布，支持问答题、单选题、多选题三种题型。

3. 学习资源、在线习题等设置好后，如需学生在线提交作业，可勾选"需要学生在线提交作业"，可以同步选择多个班级QQ群，完成设置后，班级QQ群所有成员将收到作业提醒。对于在线提交的作业，教师可以及时批改，客观题自动批改，群作业能自动生成作业完成情况、客观题数据统计等。教师批改完成后，学生会及时收到教师的评价及指导。

张老师根据本节课的课前预习需要，上传了一张图片，还以"文件"格式上传了一段微课，发布了在线习题，同时给出了一个跟"位置与方向"有关的话题(图片和视频等资料)，请学生录制相关视频发送到 QQ 群。

解决办法 2：利用以问卷网为代表的在线问卷工具发布检测。

1. 打开网址(https：//www. wenjuan. com)，注册登录，微信、QQ 可以直接扫码登录，新建考试测评类型(图 1-26)。

图 1-26　新建考试测评

2. 进入考试测评编辑页面，如图 1-27 所示，左侧为题型选择区，中间为效果预览区，右侧为题目设置区。教师可选择题型、编辑题目，进行单个编辑制作，也可以通过批量导入的形式添加题目，对题目设置分值、正确答案等，生成在线测试。

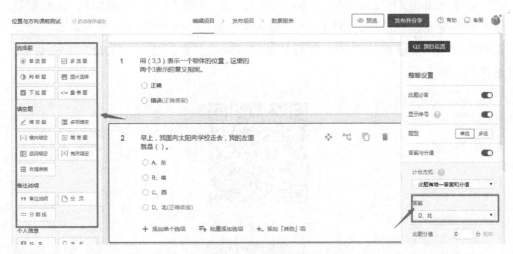

图 1-27　设置问卷

3. 题目全部添加完毕后，发布在线测试，通过链接、二维码等方式分享给学生。

4. 完成测试后，教师在问卷管理界面，通过数据报表功能，打开左侧的"统计报表"按钮，及时查看检测结果及分析报表(图 1-28)。通过查看分析报表，教师可以快速看到每道题的回答人数、错误率等数据，并能获取每个学生的回答详情，进而方便快速地掌握学情。

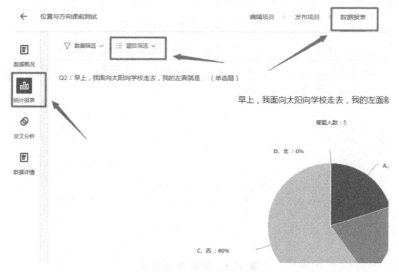

图 1-28　数据报表统计分析

张老师将这种检测方式灵活用在了课前的学情调研、课中的学习反馈、课后的教学评价中。

解决办法 3：利用班级优化大师布置作业。

1. 打开网址(https：//care.seewo.com/)，下载手机客户端软件，注册后登录，按照提示创建班级，添加学生，邀请学科教师、学生或家长加入班级。这个过程需要他们注册账号并加入班级，教师可以把二维码发送到 QQ 群、微信群，邀请他们加入。

扫一扫，观看详细操作
见视频 1-13

2. 班级人员召集齐以后，教师在手机端登录班级优化大师，选择对应班级后布置作业(图 1-29)。该软件支持录音、图片、视频、文件等多种资料组成的作业形式，教师可根据实际情况设置作业内容。

图 1-29　选择班级布置作业

3. 选择"题库"按钮，系统中有对应教材知识点的免费题库，但是题目内容不能自行修改。教师可以根据知识点所在章节等选择所需习题布置作业(图 1-30)。

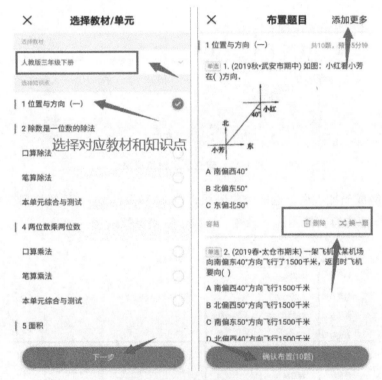

图 1-30　根据章节选择习题

4. 在发布作业前，教师可以自定义选择作业对象，如批量选择全班、自定义指定某些人，根据不同学生的掌握情况布置分层作业。设置"家长在线提交作业"后，学生须提交在线作业，教师能同步看到信息通知，及时进行批阅，其中来自题库中的习题系统会自动批阅。

除了能用来布置作业外，教师还可以利用班级优化大师进行班级管理、评价记录等。

解决办法4：利用微信小程序作业登记簿发布测验。

1. 打开微信发现，点击小程序，在搜索栏查找"作业登记簿"，授权微信登录，创建班级后邀请成员加入(图1-31)。

图1-31 建立班级邀请成员

2. 班级成员加入后，选择对应班级，点击"布置作业"，设置科目、提交时间等信息。作业内容支持图片、录音、视频、链接等类型(图1-32)。

图1-32 自定义发布作业

3. 以选择答题卡类作业为例，点击图1-32中的按钮 ，设置绿色选项为答案选项，客观题设置好答案后可以自动批阅。设置好后点击"保存"，发布作业。教师可以查看作业完成情况，客观题可自动完成批量批改(图1-33)。

图1-33 编辑题目与作业统计

资源拓展：

其他极简教育技术手段

1. 一起作业。

网址：https://ucenter.17zuoye.com/。

一起作业是一个学生、教师和家长三方互动的作业平台，主要应用在移动终端，分为一起作业教师端、一起作业学生端。一起作业教师端有专向习题包，配合智能组题功能，方便教师布置、检查作业，精准分析学情。

2. 问卷星。

网址：https://www.wjx.cn/。

问卷星是问卷调查类工具，其考试功能支持单选题、判断题、多选题、填空题、简答题、文件上传题等题型，所有题型均支持插入图片、音频、视频等。教师可以发布一套集微课、图片、音频、考试检测等资源为一体的导学试卷，系统自动批阅客观题，支持教师批阅主观题。电脑网页端、手机微信端均可发布、查看和批阅，方便快捷。

教学情境 1：

小 Q 毕业后到小学从教。张老师非常认真，小 Q 经常听张老师的课，认真研究教材。但通过几周的听课和交流，张老师发现小 Q 只是较为单纯地模仿他的教学，就当前的教学内容进行钻研，缺乏对小学数学知识的整体性、结构化认识，没有办法理解他的一些设计意图，更不能在教学中引导学生对前后知识进行有效融会贯通。这种做法带来的后果是学生学习的知识缺乏系统性，知识与技能无法迁移。张老师意识到必须帮助小 Q 构建小学数学教学整体框架。他要求小 Q 通读小学数学课程标准及六年的数学教材，对数学知识体系、目标要求等进行全面认真的梳理，厘清各知识点的关联情况。

解决办法：

我们为小 Q 推荐了以"幕布"为代表的笔记软件。这款软件非常适合小学数学教师随时进行学习记录、内容整理，界面简洁，操作简单。大纲结构与思维导图两种模式可轻松切换，支持电脑端、手机端等多终端同步登录使用。这里以幕布网页端为例，简单介绍使用方法。

1. 打开网址(https：//mubu.com/)，注册后登录，微信或 QQ 可以直接绑定使用，进入如图 1-34 所示的界面。

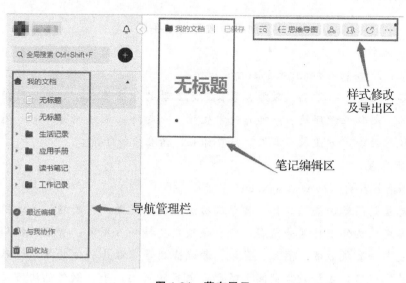

图 1-34　幕布展示

(1)在导航管理栏可以对笔记内容进行快速搜索、分类存储等。

(2)在笔记编辑区可以输入详细内容。

(3)在样式修改及导出区可以调整文字内容格式，插入链接或图片，转为思维导图模式等。

2. 幕布支持大纲视图、思维导图两种模式，切换方便。在思维导图模式下，选中某个知识节点，也可进行文字编辑、图片插入、链接、备注等操作。

3. 完成后，幕布支持以文稿、图片的形式导出和下载，支持链接分享和演示操作等。

年轻且善于学习新技术的小 Q 在张老师的指导下，通读了小学数学课程标准及六年的数学教材，对数学知识体系、目标要求等进行了全面认真的梳理，厘清了各知识点的关联情况，生成了属于自己的教学知识点图谱(图 1-35)。

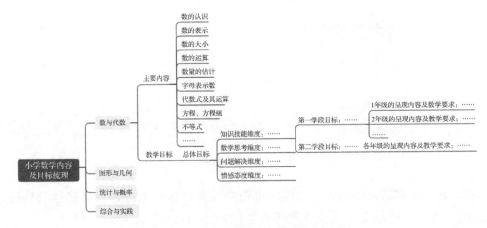

图 1-35　小 Q 制作的教学知识点图谱

优点：界面简洁，编辑方便，操作简单，免费使用，无广告。

缺点：思维导图样式比较单一，只提供基础功能，不支持自定义样式。

教学情境 2：

小 Q 用思维导图梳理了小学数学教学体系。张老师对小 Q 的学习方法很认可，并且从中受到了启发：知识点之间的关联度大，结构性强，课堂生成性内容多，需要学生参与的活动多，加之数学教师本身的语言简练，我们可以尝试用思维导图的形式辅助进行数学教学设计，以一种可视化的方式更清晰地呈现教与学的框架结构，从而对整节课的教学设计做到胸有成竹。正值张老师要对有关乘法计算的练习课进行教学设计，他认为没有必要把上课的每一句话、每一个问题都写出来，也没有必要把一系列的练习题单线性地罗列出来。他想采用思维导图的形式做教学设计。

解决办法：

我们给他推荐了免费的在线流程图和思维导图工具——Gitmind。它支持快速绘制流程图、思维导图、实体关系图、组织架构图、类图等十多种图形，使用方法简单，教师可通过电脑网页端和手机微信端进行绘制。文件自动云端存储，模板丰富，支持自定义主题，免费版基本能满足普通用户绘制精美思维导图的需求。

1. 打开网址(https：//gitmind.cn)，注册后登录，也可用微信扫码登录，选择"新建文件"(图1-36)。

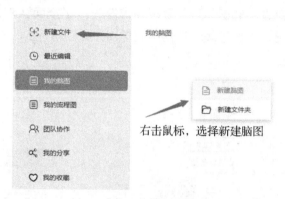

图1-36　新建脑图

2. 进入新建的空白脑图，左侧为主题样式美化区，上方为内容制作工具栏，在内容区输入中心主题、分支主题等内容(图1-37)。

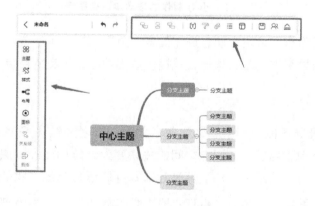

图1-37　页面介绍

(1)点击上方的工具栏，增加同级、上级、下级节点，可以修改文本字体、颜色等，支持用户插入链接、图片等。

(2)在左侧主题样式区可以选择导图的样式、布局，自定义修改节点形状、连接线、边框等(图1-38)。

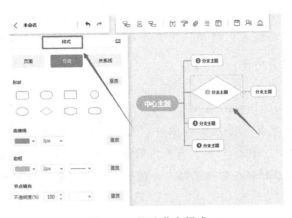

图 1-38　修改节点样式

3. 脑图绘制完成后，在界面右上角可以选择分享或者直接导出图片、PDF、DOC、TXT 等格式。

张老师根据教学内容，选择用知识树的思维导图形式体现自己的教学设计。他用 Gitmind 插入了一张树形的图片，如图 1-39 所示，根据实际设计制作了自己的教学思维导图。

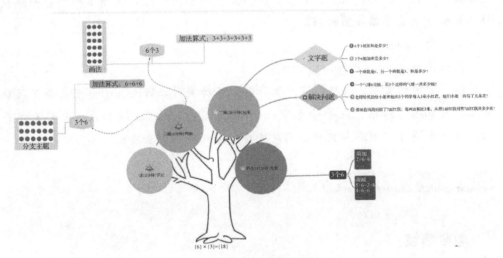

图 1-39　张老师的教学设计

资源拓展：

其他极简教育技术手段

1. 印象笔记。

网址：https：//www.yinxiang.com/。

一款支持文字、图片、音频、链接等内容的多功能笔记类应用软件，提供多种笔记模板，功能强大，可快速保存微信、微博、网页上的内容，支持用大纲笔记一键生成思维导图，分为免费版、普通用户版和企业版，云端存储，多端同步。其中，免费版功能基本够用，但是云端储存空间限制了每月 60 兆的上传流量，仅支持同步两台设备。

2. zhimap。

网址：https：//zhimap.com/。

一款免费的在线思维导图制作软件，简单直观，支持文本、图片、链接等格式，可导出高清图片、PDF 文档，有专门的数学公式编辑区，可插入公式，但是样式比较单一，只有三种模板可供选择，边框、形状、线条、颜色等不可自定义。

3. Mindline。

网址：http：//www.mindline.cn/。

界面极简，操作简单，云端存储，可以添加图片、贴纸、语音等附件，导出格式丰富，文件可同步和共享。

4. MindMaster。

网址：https：//www.edrawsoft.cn/mindmaster/。

一款跨平台思维导图收费软件，功能和模板都比较丰富，内嵌公式编辑器，可导出多种文本格式，有脑图社区，提供大量的脑图模板，适合多个平台一起使用，是制作精美思维导图的利器。

5. WPS office。

网址：https：//www.wps.cn/。

除了常用的文档、表格、演示稿的制作等功能外，WPS office 还集合了思维导图、流程图、海报、表单等免费在线制作工具，通过在线制作、自动云端存储，可导出图片、PDF 等文件，同时支持电脑端和手机端应用。

问题 3：绘制教学流程图 >>>>>>>

教学情境：

在不断探索和实践信息技术与学科教学融合的过程中，张老师不仅把信息技术手段引入了课堂优化教学活动，而且尝试使用了技术支持下的教学流程再造。在设计"三角形的分类"一课时，他希望尝试利用信息技术实现翻转教学，以技术支持合作探究式学习。在做教学设计时，为了更清晰、更简洁地表达教学内容、教学环节、师生活动、信息技术应用等多维度要素及其之间的关系，张老师准备绘制教学流程图。

解决办法：

我们给他推荐了 WPS office、爱莫脑图等几种工具，前面介绍的 Gitmind 也可以用来绘制教学流程图。

解决办法 1：用 WPS office 绘制教学流程图。

1. 打开 WPS office，在顶部工具栏选择新建"流程图"选项，可选择现有模板编辑，或选择"新建空白流程图"，进入如图 1-40 所示的界面，左侧为图形选择区，上方为样式编辑区，右侧工具栏为导航和快捷工具区，中间空白区域为编辑区。

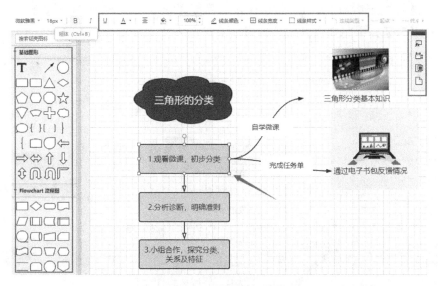

图 1-40　WPS 流程图工作界面

(1)在左侧图形选择区选择图形拖动到编辑区，输入文字内容。鼠标悬停到某个图形，出现边框锚点，可自动生成连接线。

(2)选中某个图形后，在上方样式编辑区设置线条颜色、线条宽度等格式。选中某个图形对象，点击鼠标右键可以调整图层上下顺序等(图 1-41)。

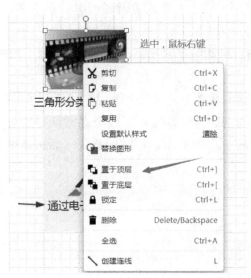

图 1-41　设置图层顺序

3.制作好流程图后，点击"保存"按钮云端存储，点击"下载"按钮可导出为图片、PDF等格式。

解决办法2：用爱莫流程图制作。

1.打开网址(https：//flowchart. airmore. cn/)，注册后登录，也可以用微信扫码登录，选择已有模板或新建空白页开启流程图的制作。

2.选择"新建空白页"进入如图1-42所示的界面，左侧为图形选择区，上方为样式编辑区，中间空白区域为编辑区，可插入文本、图片、链接。

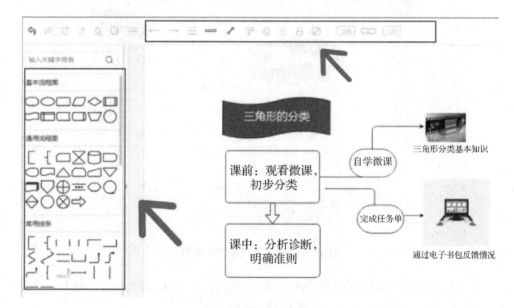

图1-42 插入图形

(1)在左侧图形选择区选择图形拖动到编辑区，输入文字内容。

(2)选中某个图形后，在上方样式编辑区可以设置文字、线条、颜色等格式，插入图片及链接。

3.绘制的流程图会自动保存到云端，可导出为图片、PDF等格式，也可以通过链接进行分享。

张老师在文字教案的基础上，按照上面的方法绘制了"三角形的分类"教学结构流程图(图1-43)，直观、清楚地显示了整个课堂活动中各个要素之间的关系，简洁地呈现了教学中的重点和难点，较好地反映了教师教学过程设计的逻辑性、层次性等。

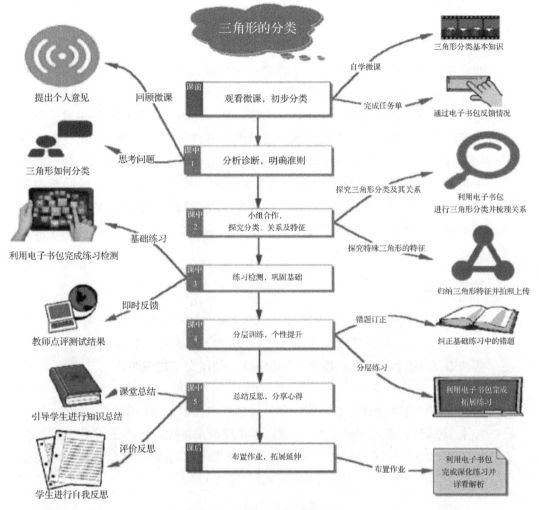

图 1-43 教学结构流程图示例

资源拓展：

迅捷画图简介

网址：https://www.liuchengtu.com/。

一种在线绘制流程图、思维导图的工具，界面简洁，操作简单，风格多样，导出便捷，自动云端存储，支持手机端和网页端在线制作，平台模板丰富。

问题 4：课件制作与修改 >>>>>>>

当下，教学课件已经是教师开展教学活动重要的资源之一。它将文字、声音、图形、图像及视频等融为一体，创造出图文并茂、有声有色的教学情境，能有效地激发学生的学习兴趣。

教学情境：

张老师在教研活动中呈现了一节课例——"梯形面积的计算"。他运用简单的课件给学生提供了一些梯形的图片，学生可以在课件上进行拖、移、拼等操作，把两个完全一样的梯形拼成一个平行四边形，把一个梯形进行切割后拼成一个平行四边形或三角形等。课件还可以演示将一个梯形作高后，在高的中点处作一条底边的平行线，然后上面这个梯形沿着梯形的一条腰缓缓地翻转下来，与下面这个梯形拼成一个平行四边形的动态过程。演示过程还配有解说，以帮助学生理解。听课的教师觉得这个"动起来"的课件为学生推导和理解梯形面积公式提供了直观的帮助，有效突破了本课的重难点。那么，运用像这样"动起来"的课件是不是可以在我们教学中成为常态呢？

解决办法：

第一节问题 3 教学情境 2"查找与下载教学课件"中介绍了 101 教育 PPT 和希沃白板 5，下面就以这两款软件为例，介绍如何制作"动起来"的演示课件。

解决办法 1：利用希沃白板 5，快速修改、制作交互式课件。

1. 打开希沃白板 5 软件，以"梯形的面积"一课为例，根据第一节问题 3 提供的方法，在课件库中快速查找已有课件，保存在自己的云课件库中。

2. 打开课件，进入编辑界面。例如，在梯形的面积转化这页课件中，梯形的面积可以转化为平行四边形和三角形的面积之和，拖动图形组合后角度明显不同，需要对这页课件进行修改或者重新制作(图 1-44)。

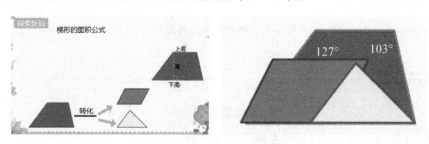

图 1-44　需要修改的课件

(1)选择本页课件，点击顶部工具栏中的"学科工具"，利用"几何"工具中的多边形来绘制平面图形(图 1-45)。

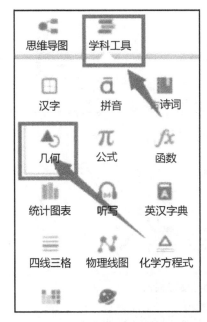
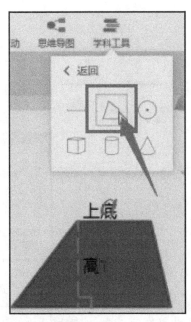

图 1-45　用几何工具中的多边形绘制梯形

（2）用"钢笔"工具绘制好四个顶点后按回车键，即可绘制一个梯形。可以在右侧属性中选择填充颜色、线条，进行顶点标注、角度编辑等。同理可以绘制三角形和平行四边形，标注角度（图 1-46）。在课件播放过程中，拖动三角形和平行四边形，将其组合为梯形，可以将面积的转化过程清晰展示。

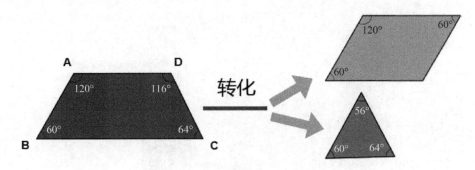

图 1-46　绘制三角形和平行四边形

3. 还可以选择学科工具中的"数学画板"，联网进入数学画板，根据学段、知识点选择已有的画板课件，如"梯形面积推导"，选择插入希沃课件（图 1-47）。

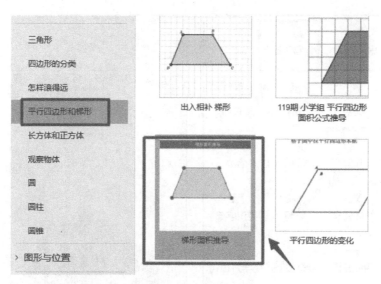

图 1-47　选择图形插入

4. 课件制作完成后，选择"开始授课"即可播放和使用课件。每次完成修改后，点击"同步"云端保存课件，以方便多端使用。需要注意的是，画板工具在课件播放中须联网使用，部分画板课件无法自定义。

解决办法 2：利用 101 教育 PPT 中的网络画板工具修改和制作交互式课件。

1. 利用 101 教育 PPT 新建课件(也可根据第一节问题 3 中介绍的方法下载课件)，在右侧工具栏中选择"网络画板"(图 1-48)，在联网状态下进入"网络画板"。

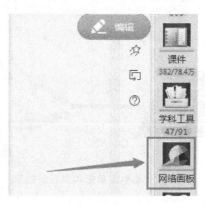

图 1-48　选择网络画板

2. 在"网络画板"左侧选择具体学段、知识点。教师可以根据知识点选择系统中的动态演示课件。以梯形面积演示工具为例，点击"预览"查看演示效果，点击"插入"可以将该画板工具插入课件(图 1-49)。

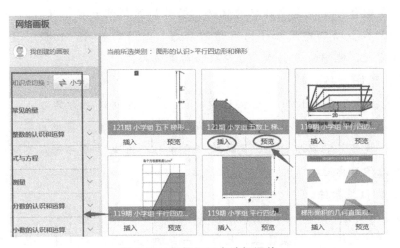

图 1-49　根据知识点选择课件

3. 画板课件支持在线编辑，点击"编辑"，进入画板自定义编辑界面，右上侧可以自定义梯形的上底、下底、高等具体数据(图 1-50)。该工具提供了梯形面积演变的 5 种动画变换演示，形象直观地展示了梯形面积公式的演变。

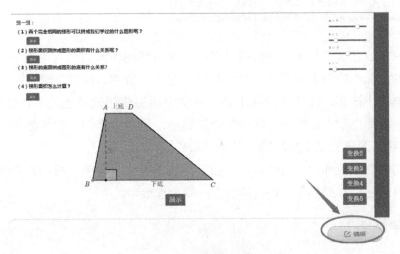

图 1-50　编辑画板课件

4. 确定演示效果后，保存课件，在播放课件过程中可以直接调用该画板工具。

资源拓展：

其他极简教育技术手段

1. Focusky 动画演示大师。

网址：http://www.focusky.com.cn。

Focusky 是一款易上手的幻灯片制作软件、动画演示制作软件，在动画视频、动态课件等制作方面有自己独特的优势。操作界面简洁直观，可轻松导入 PPT，利用无限画布轻松创建思维导图风格的动态幻灯片，转场、切换、演示效果丰富，制作方便，能够快速制作出专业级的动画视频。

2. H5 课件。

H5 是指第 5 代 HTML。通俗地说，H5 是一种创建网页的方式，它会让手机网页功能更加丰富多彩。H5 课件能融合各种课件形式，实现文字、图片、表格、音频、视频等的有机结合，支持跨平台学习，有助于学习者在不同学习终端获得良好的学习体验。

3. 鸿合白板软件。

网址：https：//pie.hitecloud.cn/pie。

鸿合白板软件是一款集备课、授课于一身的交互式教学软件，配有丰富的教学资源、学科工具、课堂活动，辅助教师课前轻松制作课件，课上进行互动教学，充分调动学生的积极性。平台提供软件应用教程，教师可以在线观看学习，网址为 https：//www.hitecloud.cn/learning。

问题 5：教学资源再加工技巧 >>>>>>>

在探索信息技术与学科融合的过程中，教师都在积极尝试使用教学资源、在线检测等。细心的张老师发现，教师在使用图片、音频、视频等资源时缺少一些加工处理的小技巧，课件美观度不够，教学资源的使用效益还没有达到最佳化。于是，张老师主动申请组织一次专题教研活动，他邀请我们一起为数学教师进行一次"教学资源再加工小技巧"的操作培训。

我们梳理了教师制作课件时，在加工文档、图片、音频、视频等资源的过程中的常见问题，并提供了简便的解决办法供大家参考。

教学情境 1：

PDF 文件如何编辑和转换为 WORD。

解决办法：

利用 ilovepdf 进行编辑和转换。ilovepdf 是一款免费、易于使用的 PDF 处理工具，支持网页端、桌面端、移动端应用，能实现 PDF 文件的合并、拆分、压缩、转换等，便捷，高效。

1. 打开网址(https：//www.ilovepdf.com/zh-cn)，无须登录即可使用，选择上方导航栏"PDF 转换"或者"所有 PDF 工具"，在下拉菜单中根据实际需要选择对应工具(图 1-51)。

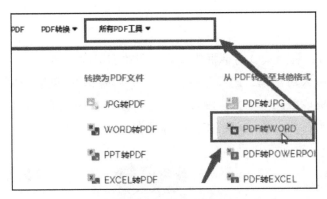

图 1-51　根据实际需要选择对应工具

2. 以 PDF 转 WORD 为例，点击"PDF 转 WORD"进入在线转换页面，选择需要转换的 PDF 文件，也可以一次性添加多个文件，点击右下方"转换为WORD"。在线转换过程中不能关闭浏览器，转换完成后自动跳转到下载页面，按照提示下载文件即可。

资源拓展 1：

其他极简教育技术手段

1. LightPDF。

网址：https：//lightpdf.com/zh/。

LightPDF 是免费的在线 PDF 编辑器和转换器，可以将 PDF 与 WORD、PPT、TXT、JPG、PNG、EXCEL 等格式通过浏览器进行在线转换，无须注册或安装任何插件，还具有 OCR 文字识别功能，可以帮助教师从图像中提取文本或以 WORD、PPT、TXT 等方式扫描 PDF。

2. Smallpdf。

网址：https：//smallpdf.com/cn/。

Smallpdf 是免费的在线 PDF 编辑器和转换器，可以将 PDF 与 WORD、PPT、JPG、EXCEL 等格式通过浏览器进行在线转换，还可以进行 PDF 加密、分割、合并、压缩等操作，文件转换速度快。

3. PDF365 在线转换。

网址：https：//www.pdf365.cn/。

PDF365 在线转换是一个免费在线转换 PDF 的网站，提供 PDF 转换、导出、合并和拆分、加密和解密、编辑等功能，同时提供文字处理、EXCEL 处理、PPT 处理、图像处理等功能，部分功能须开通会员才可使用。

教学情境 2：

如何从图片中提取文字。

解决办法:

解决办法1:利用QQ对话框的屏幕识图功能提取文字。

打开QQ聊天对话框,选择截图工具中的"屏幕识图"截取图片,如图1-52所示。该工具会提取截图中的文字内容。选择右侧下方的工具,可以对文字进行编辑、翻译、转为在线文档、复制和下载等操作。

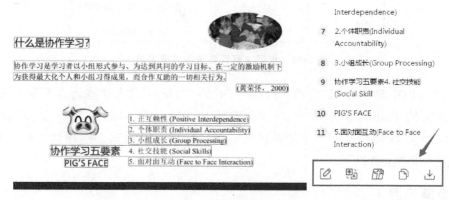

图1-52 截取图片

解决办法2:利用浏览器的截图工具提取文字。

以搜狗浏览器为例,打开搜狗浏览器,选择浏览器的"截图"工具。截图选择要识别的图片或区域,点击下方的"文字识别"按钮(图1-53)。

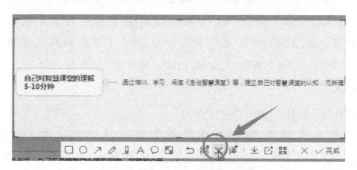

图1-53 点击"文字识别"按钮

文字识别成功,可"复制全文"或导出为WORD文档。

解决办法3:利用在线ORC文字识别工具进行提取。

在线ORC文字识别工具有很多,这里以蛙蛙工具为例给大家介绍文字识别的方法。蛙蛙工具是一个便捷的在线工具网站,提供文本、语言等多种实用小工具,图文转换、文本编辑等操作方便,转换速度快,无须注册和登录,直接打开网页即可使用。

打开网址(https://www.iamwawa.cn/),选择左侧导航中的"文本工具",选择"ORC图片识别文字工具"，在右侧工作区拖动或选择要转换的图片(图1-54)。

图 1-54　OCR 图片识别文字

平台自动识别图片后，文字显示在下方。选择下方的"复制"按钮，可将文字粘贴到所需文档中进行编辑。

教学情境 3：

怎样快速输入文字。

解决办法：

解决办法 1：利用手机输入法中的语音功能输入文字。

1. 打开手机文字输入界面，如短信编辑、QQ 对话框、微信对话框等文字编辑界面，调出输入法。

2. 按住语音按钮键，说话的同时文字编辑区自动将语音转换为文字(图 1-55)。这种方式能快速输入所需文字，可将文字粘贴到 WORD、PPT 等文件中进行再编辑。

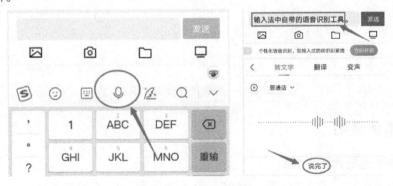

图 1-55　语音识别输入文字

解决办法2：利用手机自带的备忘录软件中的语音录入功能输入文字。

1.直接打开手机自带的备忘录，新建笔记后，点击"语音"按钮。

录音的同时手机自带的转换工具会自动将语音转为文字(图1-56)，备忘录笔记自动保存语音和文字，方便矫正编辑。

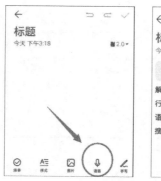

图1-56　备忘录中语音转为文字

解决办法3：利用讯飞语记输入文字。

讯飞语记是语音秒变文字的云笔记工具，支持录音速记、图文识别、格式编排、朗读笔记、分类管理等功能，电脑端和手机端都可使用，云端存储，同步编辑。这里以手机端为例，简单介绍使用方法。

1.在手机应用市场搜索并安装"讯飞语记"，注册并登录后新建笔记，下方有录音速记、语音输入、文字识别、外部录音转写四种功能。

2.点击"语音输入"，说话的同时自动转存为文字，点击"录音笔记"，也可以边录音的同时，将录音识别为文字保存在内容编辑区(图1-57)。编辑完成后，返回软件的首页，在左上方的全部按钮处点击可以对所有的笔记进行分类管理和标记。

图1-57　对录音进行文字识别

教学情境4：

怎样快速处理图片素材。

张老师在制作课件的过程中发现，为了课件的一致性和美观度，经常需要对图片素材进行水印处理、部分抠图、亮度调整等操作。例如，在制作"行程问题"的课件时，他在网上找到一张卡通图片，他只需要小汽车，不需要旗帜、白色背景和水印(图 1-58)，如何处理呢？

需要去掉背景的白色

不需要这个旗帜

需要去掉水印

图 1-58　需要处理的图片

我们给他推荐了以下几种工具。

解决办法 1：利用 WPS 自带的图片工具处理图片。

1. 打开 PPT 课件，选中图片后顶部工具栏出现图片工具，点击"抠除背景"。

2. 针对图片的单色背景，点击"设置透明色"(图 1-59)，鼠标变形显示为取色器，将鼠标定位到背景色中，单击鼠标左键，即可完成抠图。

图 1-59　WPS 的图片工具栏

3. 对于复杂的图片，可以选择"抠除背景"工具中的"智能抠图"，进入如图 1-60 所示的界面，选择蓝色"保留"画笔画出需要保留的内容，选择红色"抠除"画笔画出需要抠掉的内容，点击下方的"长按预览"查看抠图效果，完成后点击"完成抠图"即可。

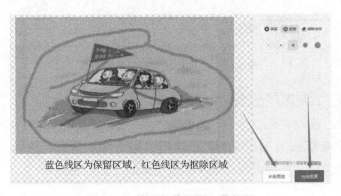

蓝色线区为保留区域，红色线区为抠除区域

图 1-60　使用智能抠图工具抠图

4. 抠图完成后，可以利用图片工具栏中的"亮度对比度"，对图片进行亮度、对比度、色彩等调整；还可以利用图片批量处理工具箱中的批量压缩、裁剪、抠图、加水印、改尺寸等功能，一键处理多幅图片。

解决办法 2：利用希沃白板 5 的图片工具处理图片。

1. 在希沃白板 5 中选中图片，页面右侧出现图片工具栏，根据实际需要调整图片的亮度、对比度。

2. 选择"去背景"工具，将鼠标分别定位到图片要去除的地方，单击拖动鼠标即可查看抠图效果，确定后勾选"保存图片"即可(图 1-61)。

图 1-61　使用智能抠图工具抠图 1

也可以在课件播放模式下采用自由截图工具，单击鼠标左键拖动选区截取所需内容，将自由截图的内容导出为本地图片即可(图 1-62)。

图 1-62　使用智能抠图工具抠图 2

解决办法 3：用图片处理软件进行处理。

我们推荐了图片处理软件——光影魔术手。它功能丰富，拥有自动曝光、数码补光、白平衡等一系列调图参数，支持文字水印、边框、拼图、批处理等功能，使用方法简单，一键式操作即可获得丰富的图片处理效果。

1. 打开网址（http：//www.neoimaging.cn/），下载并安装软件。用软件打开图片后，选中导航栏中"抠图"下的"自动抠图"工具。

2. 选择"选中笔"，在图片上画出需要保留的内容；选择"消除笔"，在图片上画出需要去除的内容。完成后单击"确定"，即可得到理想的图片。

3. 选择右侧软件工具栏中的"基本调整"可以调整图片亮度、自定义增补光、调整色阶等。"数码暗房"工具有多种图片调整效果，选择自己所需的效果，保存即可。

4. 图片调整完成后，选择"保存"或者"另存"，点击"修改大小"，拖动下方的滑块，可以修改图片大小和质量。

扫一扫，观看详细操作

见视频 1-9

教学情境 5：

怎样对多幅图片的大小、格式进行修改与批量转换。

解决办法 1：利用光影魔术手实现图片批处理。

1. 打开光影魔术手软件，选择"批处理"功能，点击"添加"按钮，依次选择多张图片，或直接添加图片所在的文件夹。

2. 选好图片后，按照提示进行动作设置，根据实际需要可添加统一调整尺寸大小、添加水印文字、补光、旋转方向等。

3. 设置好动作后，选择图片输出路径、命名规则、格式等，点击"开始批处理"，软件自动进行处理，完成后跳转到指定文件夹。

扫一扫，观看详细操作

见视频 1-10

解决办法 2：利用 iloveimg 在线网页工具实现图片批量处理。

1. 打开网址(https：//www.iloveimg.com/zh-cn)，无须注册，可直接使用。

2. 以修改图片大小为例，选择"调整单个图像的大小"，进入编辑区，可以一次性调整多张图片的大小，按照提示选择要修改的图片，或直接将图片拖动到指定区域(图 1-63)。

图 1-63　按照提示选择要修改的图片

3. 拖入图片后，自动进入如图 1-64 所示的界面，在右侧工具栏可以按照像素、百分比修改大小。按像素调整大小，可以直接自定义像素，点击下方蓝色按钮即可调整。

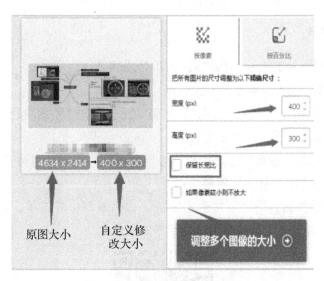

图 1-64　自定义修改图片大小

4. 转换完成后，自动进入下载界面。点击"下载"，按照提示保存修改后的图片。

按照以上步骤也可以批量修改图片格式，给图片添加文字、贴纸、效果和滤镜等，直接选择对应工具栏，按照提示操作即可。

教学情境 6：

课件中视频如何定点播放。

解决办法：

1. 打开希沃白板 5 课件编辑页面，选择顶部的"多媒体"工具插入所需视频。

2. 插入视频后，单击选中视频，下方出现"播放""截图""视频打点"等按钮。播放到视频的关键内容处，可单击"视频打点"按钮，下方会有对应时间点标记（图 1-65），一个视频最多支持 5 个打点时刻。

图 1-65　对视频进行打点标记

教师在备课的时候可以提前做好关键点标记，在上课过程中可以快速定位到所需位置。

教学情境 7：

如何对音频、视频进行截取、合并、修改格式与转换等处理。

解决办法 1：运用 WPS 自带的音频、视频剪辑工具实现简单音视频截取。

1. 打开 WPS，在课件中插入视频。首先选中视频，点击工具栏中的"裁剪视频"，拖动标尺选择要截取的视频片段，或输入开始时间和结束时间截取视频。点击"播放"按钮可预览截取的视频，视频截取成功后，点击"确定"按钮即可（图 1-66）。

图 1-66　选中工具裁剪视频

2. 选中已经插入的音频，单击工具栏中的"裁剪音频"按钮，拖动标尺选择要截取的音频片段，也可以直接输入开始时间和结束时间，点击"播放"按钮可预览截取的音频，音频截取成功后，点击"确定"按钮即可(图1-67)。

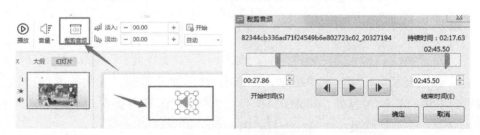

图1-67　选中工具裁剪音频

解决办法2：利用格式转换类工具软件进行音频、视频的截取、合并、格式转换。

我们推荐格式工厂软件。格式工厂是一款支持视频、音频、图片、文档的格式转换，自定义文件输出配置的工具软件，几乎支持将所有类型的多媒体转换为常用格式，还兼具录屏、音视频合并等功能，使用便捷，功能齐全，软件免费，无须登录，下载并安装即可使用。

1. 打开网址(http：//www.pcfreetime.com/)，下载并安装软件。打开软件左侧导航栏，格式工厂的主要工具包含视频、音频、图片、文档等的格式转换工具。

2. 这里以视频的截取为例，点击视频工具栏中的"快速剪辑"按钮(图1-68)。

图1-68　点击"快速剪辑"

3. 选择需要剪辑的视频，点击"剪辑"按钮，进入剪辑界面，如图1-69所示。拖动时间轨道的滑块，确定截取视频的开始时间和结束时间，点击"确定"进入任务区。

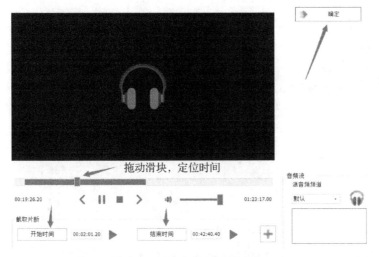

拖动滑块，定位时间

音频流
激音频频道
默认

截取片断
开始时间 00:02:01.20   结束时间 00:42:40.40

00:19:26.20   01:23:17.00

确定

图 1-69 设置开始时间和结束时间

4. 选中该任务，点击"开始处理视频"，任务完成后，可直接点击"播放"或打开视频所在文件夹。

格式工厂提供图片、视频等格式转换、合并、分割等多种功能。用户根据自己所需功能，选择对应工具按照提示操作即可。

资源拓展 2：

其他极简教育技术手段

1. 小丸工具箱。

网址：https：//maruko. appinn. me/。

小丸工具箱是一款用于处理音频、视频等多媒体文件的软件，使用便捷，让音频、视频压制变得简单、轻松，主要特色功能为高质量的 H264＋AAC 视频压制、ASS/SRT 字幕内嵌到视频、AAC/WAV/FLAC/ALAC 音频转换、MP4/MKV/FLV 视频的无损转换。

2. 蜜蜂剪辑。

网址：https：//www. apowersoft. com. cn/beecut-pinzhuan？apptype＝aps-pin。

蜜蜂剪辑是一款简单易用的视频剪辑软件，可快速裁剪、分割、合并视频，给视频加字幕、去水印、添加背景音乐，等等。

3. 剪辑师。

网址：https：//e. seewo. com/product/JJS。

剪辑师是一款专为教师制作微课而设计的视频剪辑软件，支持快捷录屏、剪辑、一键转场等简单的微课制作功能。相比其他视频剪辑软件，剪辑师功能集中，化繁为简，便捷高效，即使是没有视频制作基础的教师也能快速编辑制作微课。软件免费，可以用希沃软件账号直接登录使用，也可以注册后再登录。

教学工具的极简准备

问题 1：AR 等资源工具的准备 >>>>>>>

教学情境：

图形与几何的教学中，存在大量的图形探究学习活动。例如，在四年级"观察物体"的练习课上，张老师要请学生根据所摆放的立体组合图形画出或判断三视图(画草图)。由于学生的空间想象能力还处于构建过程之中，因此让他们在头脑中快速、正确地形成组合图形不同角度的表象，并且用图形表达出来具有一定的难度。问题主要集中在侧面和上面。张老师想到，如果这个时候运用 AR(增强现实)技术，让学生能对旋转动态的物体进行直观观测，帮助他们逐步在头脑中建构图形的模型，那就太好了。有了这个念头后，张老师想了解一些小学数学教学中可以使用的 AR 资源和极简工具。

解决办法：

我们给他推荐了 AR 魔法园丁和百度。

魔法园丁是由新世纪小学数学教材编委会研发的 AR＋互动智慧教学系统，资源由一线名优教师打磨，软件提供对应知识章节的 AR＋互动资源、PPT、数字教材等，主要借助 AR、3D 及游戏互动等多种资源呈现方式让数学学习充满乐趣，让教学更简单、更高效。目前 AR 资源已经完整匹配北师大版、人教版、苏教版小学数学教材，教师可免费注册并使用 3D 课件及互动游戏资源。目前 AR 魔法园丁支持 Windows 系统和 Android 系统。

百度持续累积的 AR 教育资源库目前已经涵盖自然科学、人文科学等多个方向、多种类别的 AR 资源。

解决办法 1：利用 AR 魔法园丁查找资源。

1. 打开网址(http：//edu. clustertech. com. cn/)，根据需要选择对应版本，点击"客户端下载"，登录后选中所需教材和相关的知识节点，把资源添加到备课资料文件夹即可使用。

2. 以人教版三年级下册"位置与方向(一)"为例，点击进入人教版教材资源页面，对应显示目前已有的相关 AR 资源，所有资源都备注有 AR 的资源标签，如有 AR、3D、游戏、互动、推理等，用户查看详情后可根据实际需要将精品资源添加到备课资料文件夹。针对有 AR 功能的资源，需要下载配套的 AR 卡片使用。

3. 加入备课资料文件夹的内容可以通过添加 PPT、教师本地资源等形成组合课件，确定后点击"保存"。课件保存成功后，在"智汇备课"中可以直接打开配套组合课件使用(图 1-70)，具备授课软件功能。

图 1-70　添加教师课件

4. 使用 AR 资源的过程中，可以自由拖动或者在已设定的锚点位置观测、截图及对比(图 1-71)。

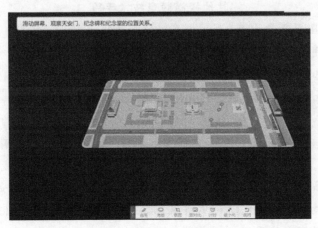

图 1-71　认识方位的授课界面

解决办法 2：利用百度 AR 资源。

1. 在手机的应用市场下载并安装百度 App。打开软件后，扫码选择 AR 栏目（图 1-72）。

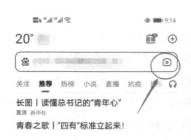

图 1-72　进入百度 AR 资源

2. 点击"查看更多"，进入百度 AR 体验馆。以科普馆中的"凯旋门"为例，打开凯旋门的 AR 资源，桌面出现了凯旋门的立体图像，可以从不同角度展示物体的位置，关键锚点还配有相关资源的语音播放(图 1-73)。

图 1-73　从不同方位展示物体

数学教师可以将这类通用的 AR 资源灵活运用在诸如位置与方位、图形与面积等相关教学活动中。

资源拓展：

其他极简教育技术手段

1. 百度地图、高德地图。

其手机应用程序中的全景地图、AR 功能也可辅助数学教学。

2. VR 创想＋。

网址：https：//vr. 101. com/download/download. shtml。

一款制作 VR 课程的学习情境设计软件，将各学科知识设置为游戏化的课程包形式，简单快速地实现多种模式的 VR、3D、2D 作品编辑，可帮助教师创作 VR 教学内容，从而活跃课堂教学气氛，提高课堂的教学效率。庞大、优质的在线资源库覆盖多学科 VR 内容，为免费版用户提供普通 VR、3D 课件模板下载、在线观看等功能，使用户可以简单快速地编辑。目前只支持 windows7 及以上系统，Mac 暂时不可以使用。

问题 2：互动教学的设计与准备 >>>>>>>

张老师在执教小学数学的时候，经常思考教材中类似"整理和复习"的课到底怎么设计和组织才更好。他认为小学中高学段学生需要培养自学能力，部分学生已经具备一定的自学能力，整理与复习这样的教学内容应该以互动学习方式为主，让学生积极主动参与到学习活动中。那么，可以怎样开展互动学习呢？有哪些工具和技术可以支持不同的互动设计呢？

教学情境 1：

在巩固 2、3、5 的倍数特点时，一般的教学设计是教师在课件上预设一些数字，请学生来判断或练习。张老师想让学生自己在课堂上随机生成一些自然数来练习。这样做，一方面培养学生的主体意识，增强其参与课堂的主动性和积极性；另一方面没有预设数字，课堂教学更具生成性，这对学生是否掌握 2、3、5 的倍数特点更具考查意义。

解决办法：

利用希沃白板 5 的克隆和组合功能。

1. 打开希沃白板 5 的课件，进入备课模式。分别输入 0～9 共 10 个数字，选择每个数字，单击鼠标右键，点击"更多操作"中的"打开授课克隆模式"（图 1-74）。

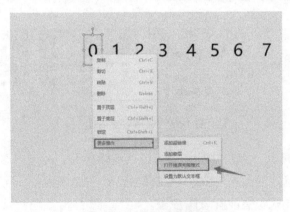

图 1-74 设置克隆模式

2. 点击"开始授课"。在课堂授课模式下，教师可以根据学生的选择意见随机拖动克隆模式下的数字，学生可以无限次拖动数字，将其组合为随机数。教师可以鼓励学生利用这个活动进行相互测试、相互评价等，从而让学生学习的主观能动性得以充分发挥，让学生真正成为学习的主体。

教学情境 2:

张老师希望在课堂上能常态化地用课件进行互动练习；也希望能利用终端将一些需要强化练习的题目发布给学生，学生独立完成后提交，教师即时反馈。

解决办法:

我们推荐了希沃白板 5 中的课堂活动工具，该工具支持分类题、知识配对、判断题、选词填空等题目类型。教师提前将题目设计好。一方面，教师可以通过多媒体教室中的交互式设备进行练习演示，请学生走上讲台，在互动课件上直接操作展示；另一方面，通过希沃易课堂和配套学生平板终端的使用，还可以实现题目推送和个性化练习。

1. 打开希沃白板 5，进入备课模式，选择课堂活动类型，如分组竞争、判断对错等(图 1-75)。

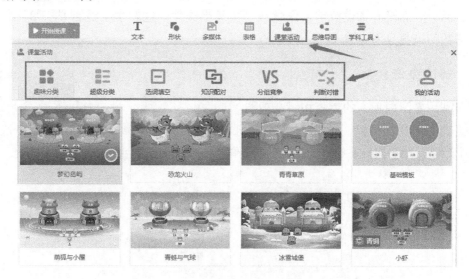

图 1-75　选择课堂活动

2. 选择活动模板，点击"应用"进入题目编辑界面，按照内容提示，分别输入题干、答案等，确定后点击"完成"。在课堂活动右侧属性栏，可以对活动进行编辑，修改内容、样式，更改背景图片等。

3. 完成后，点击"开始授课"。以填空题为例，在课堂教学过程中，学生将数字拖动到对应填空处，点击"检查答案"，可以对答案进行检查，也可以打乱数字顺序重新练习。

教学情境 3:

张老师希望在课堂上利用手机将随机记录的一些图片、视频进行投屏，这样既能分享学生在学习过程中捕捉到的即时画面，也能分享手机端的资源，还可以实现教师移动端课件演示，把教师从多媒体前"解放"出来。

解决办法：

利用希沃授课助手实现互动投屏。

1. 打开网址(http：//e. seewo. com/product/SeewoLink)，下载并安装软件，教室须安装电脑端软件，手机须安装移动端应用程序。授课之前，打开教室电脑中的授课助手，教师用手机扫码连接，确保电脑和手机在一个网段内。如果没有在一个网段内，可以在电脑端单击"启动热点"(图 1-76)，临时生成一个无线网络热点，用手机连接该网络即可。

图 1-76　启动热点

2. 手机连接成功后，会显示如图 1-77 所示的界面，支持移动展台、课件演示、屏幕同步、文件上传等功能。

图 1-77　手机互动投屏界面图组

教学情境 4：

"平均数"是统计学中非常重要的概念。凭借多年的教学经验，张老师深知小学生能通过情境初步感受平均数，能正确使用公式计算平均数。但是由于平均数有别于过去所学的具体的数，是表示一组数据集中趋势的量数，学生是很难真正理解它的。那用什么办法或工具能设计一个可以让学生亲自参与的数学互动实验，让学生亲身感受平均数形成和变化的过程呢？

解决办法：

我们推荐使用 EXCEL 电子表格的统计功能，下面以一次班级调查数据为例介绍平均数的演示过程。

打开 EXCEL 电子表格，根据班级人数列出两列，一列是学生序号，另一列是学生需要输入的数据，用自定义函数 AVERAGE 制作平均数统计图表，如图 1-78 所示。

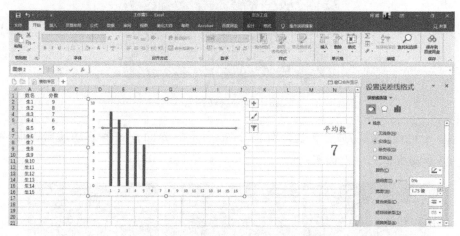

图 1-78　调整水平误差线的格式

上课过程中，学生可以在不同电脑端参与互动实验，在"分数"列输入收集的数据，观察平均数的动态变化过程。

扫一扫，观看详细操作

见视频 1-11

教学情境 5:

张老师有个好朋友是研究高铁的专家。在设计"平移"一课的教学活动时,张老师想连线该专家,请他通过视频的方式给学生介绍一下"平移"等知识在高铁中的应用,帮助学生建立数学与生活紧密联系的意识。

解决办法:

我们给张老师推荐了腾讯会议和 QQ 群课堂。

解决办法 1:利用腾讯会议开展远程互动。

1. 打开网址(https://meeting.tencent.com/),下载腾讯会议软件。以手机端应用为例,登录账号后,可加入会议、快速发起会议、预定会议。

2. 以快速发起会议为例,进入会议后,主持人可以邀请对方加入,发言人在发言过程中可以开启视频直播、共享屏幕、开启视频录制及投票等功能,会议过程中支持会议文档共享记录(图 1-79)。

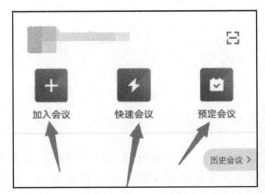

图 1-79 加入会议远程互动

解决办法 2:利用 QQ 群课堂开展直播教学。

1. 打开班级 QQ 群对话框,点击"群课堂"(图 1-80)。

2. 点击"开始上课",可以勾选"录制课程"。下方工具栏可以设置摄像头和语音画面,支持播放影片、分享屏幕、演示 PPT (图 1-81)。PPT 播放结束后,点击"结束"。直播结束,直接点"结束课堂"即可。

图 1-80 QQ 群课堂

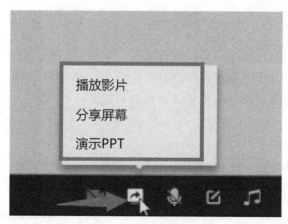

图 1-81　QQ 群授课工具

资源拓展：

其他极简教育技术手段

1. 雨课堂。

见表 1-1。

2. CCtalk。

见表 1-1。

3. 腾讯课堂。

网址：https：//ke. qq. com/。

腾讯课堂是腾讯推出的专业在线教育平台，下设众多在线精品课程，支持教师开展线上直播教学、学生及时互动学习，支持在线屏幕分享、课件展示、音视频直播、参与人员学习时长统计等功能，支持电脑端和移动端实时互动。软件免费，功能强大，平台稳定。

问题 3：资源推送与接收工具准备 >>>>>>>

教学情境：

为了进一步探索互动教学，张老师收集和制作了与教学内容有关的很多学习资源。根据教学设计的不同，他会在课前、课中或课后给学生推送不同的学习资源。学生根据需要还可以对资源学习情况进行适当的交流与反馈。张老师想把李老师制作的"梯形的面积"的课件推送给学生，帮助学生课后复习梯形的面积公式。张老师也希望能随时查看学生对推送的资源的学习情况和问题反馈情况。他需要准备哪些工具来实现资源的推送与接收呢？

解决办法：

我们为他推荐了九一速课和雨课堂。

九一速课是一款移动教学应用软件，功能强大，操作便捷。教师无须安装应用程序，就可以一键开班开课，与线下教学同步管控教学进度。平台设置了资源管理和教学管理两大功能(图 1-82)，其中资源管理主要是对移动课件制作、试卷组卷、素材、作业、投票等资源的管理，教学管理主要是运用开设班级、资料推送、班级学习数据查看等功能管理班级、监督学习质量。课堂教学过程中，师生还可以通过签到、抢答、点名等实现课堂互动。学生可以借助微信进行在线实时、分段学习，实时接收教学内容。

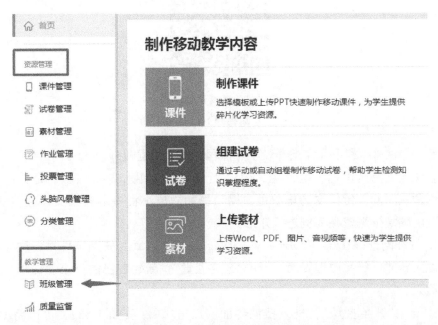

图 1-82　资源管理和教学管理

雨课堂是一款让师生有更多互动、教学更为便捷的智慧教学软件。教师通过电脑端、手机 App 及微信小程序扫码登录后即可将视频、习题、语音等预习课件推送给学生。支持课堂上实时答题、弹幕互动、词云分析等，师生沟通及时到位。

解决办法 1：利用九一速课开设课程，推送资源。

1. 打开网址(https：//www.91suke.com/)，注册并登录。这里重点讲解如何利用九一速课开设课程，推送资源。

2. 点击"创建新班级"，班级建好后，自动生成二维码。教师可以将二维码发送至班级微信群等，邀请学生加入。

3. 班级设置好后，点击"管理班级"，可以开直播、上课、发布活动等。

(1)"活动"功能可向学生推送课件、测试、素材、作业、考勤等。教师按照提示，设置相关信息后，点击"确定推送"，学生即可获取课程资源，进行自主学习。

(2)"上课"功能也支持教师上课时随时推送学习资源。

4. 在网页端教学管理质量监督栏目中，教师可以通过网页端查看班级学习数据。

注意：如果在移动端应用，直接搜索"91速课"公众号，授权微信登录后即可使用，资源管理和课堂管理与网页端同步。

扫一扫，观看详细操作
见视频 1-12

解决办法 2：利用雨课堂开设学习课程，推送课程资源。

雨课堂支持网页端、电脑端、微信小程序端使用。需要注意的是，目前课件、试题资源的上传仅支持电脑端，网页端和微信小程序端暂不支持上传资源。下面以电脑端推送资源为例进行介绍。

1. 打开网址(https：//www.yuketang.cn/)，下载并安装软件后，注册并登录，进入新建班级和课程界面，点击"开启课堂"，新建自己的班级和课程，可自定义输入。

2. 点击"开始授课"，进入授课界面。点击"课件"(图 1-83)，可以将 PPT、PDF 课件推送给进入课程学习的学生。

图 1-83　雨课堂课件推送

3. 关注微信公众号"雨课堂"，在手机微信端也可快速发起课程。点击微信下方"我的"按钮，选择"课程"，点击"我要开课"新建班级和课程，自定义输入相关

极简教育技术与小学数学教学

内容，设置好后，点击"完成"。

4. 进入课堂，同样可以选择"发布"课件、试卷、公告(图1-84)。需要注意的是电脑端支持资源上传；手机端和网页端目前由于升级，仅支持调用资源，不支持上传资源。

图1-84 发布任务与资源

资源拓展：

详见本章第二节问题1中推荐的 QQ 群的群作业、班级优化大师布置作业的功能。

>>>>>>> **问题4：展示交流工具准备**

张老师已经有了"以学生为中心进行数学教学活动的设计与实施"的认识。他经常利用信息技术手段支持学生进行课堂内外的提问、讨论、辩论、成果展示等活动。

教学情境1：

对于北师大版数学教材提出的"我们为什么要研究质数？世界上有最大的质数吗？"的问题，张老师在网上收集了一些学习资源，准备提前将资源推送给学生，并发起"提问-回答"活动，请学生把自己的疑问提出来，并解答彼此的问题。课前或课中教师先请学生相互答疑，汇总后统一点评和解答，用生生互动的方式激励学生。

解决办法：

我们给张老师推荐了腾讯文档和雨课堂。

解决办法1：利用腾讯文档收集和展示问题。

1. 打开网址(https：//docs. qq. com/desktop/)，用 QQ 登录成功后，打开在

线表格收集问题。学生之间也可以相互回答问题。根据活动设计，提前将在线表格设计好，如图 1-85 所示。

话题讨论：我们为什么要研究质数？世界上有最大的质数吗？			
学号	姓名	提问	回答
50101	张三	我认为*，我的疑问是……	（陈飞扬回答……）
50102	李丁		
50103	邱珊珊		
50104	刘柳		
50105	陈咚咚		
50106	陈飞扬		

图 1-85　在线表格示例

2. 在线表格设计好后，单击右上角的"分享"按钮，设为"所有人可编辑"状态。选择"对象分享"，可直接复制链接，将共享表格发送至班级群。教师需要提醒学生直接在自己名字的那一行提交问题，也可以回答其他同学的问题。

3. 教师也可以通过腾讯文档的在线收集表收集问题。学生回答问题后，表格自动汇总结果，教师直接可以在"在线收集表"的"收集结果"中查看。

优点：使用方便，无广告，文档自动云端存储。

缺点：腾讯表格的"所有人可编辑"可能会导致学生修改其他人的内容，且这种问题无法避免。腾讯收集表可以避免修改其他人的内容，但是不能互相查看问题，相互回答。

解决办法 2：利用雨课堂发起线上交流活动。

使用雨课堂发起线上交流活动，可以通过在讨论区留言进行讨论，还可以通过弹幕功能收集问题，解读词云。

1. 以雨课堂公众号应用为例，打开"我的课程"，选择"授课班级"。进入班级活动管理区，选择"讨论区"，发起讨论活动。

2. 学生在讨论区中可以发布留言和图片，也可以互相回答(图 1-86)。

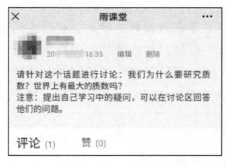

图 1-86　讨论区互动交流

3. 在利用雨课堂授课的过程中，教师还可收集学生发送的弹幕和投稿。微信端选择"课堂互动"，点击"弹幕"或"投稿"，支持学生发送文字弹幕及用图文、小视频的形式投稿(图 1-87),并且能一键生成词云投屏,也可以推送给学生。

图 1-87 发起弹幕进行互动

在授课过程中,电脑端也可以发起课堂互动活动。教师可以选择弹幕、投稿功能,收集学生的问题,分析形成词云。

资源拓展 1:

利用问卷网、问卷星收集问题,详细步骤详见本章第二节问题 1 中利用问卷网等发布调研和检测。

教学情境 2:

张老师在准备"观察物体——组合立体图形"一课的教学活动时,在课堂教学过程中设置了组内和全班展示交流活动。张老师先预设了 3 个相同正方体拼组成的图形,提前为每个学习小组的平板电脑安装了几何画板软件,鼓励学生在平板电脑上边作图边观察。小组成员利用平板电脑实时进行讨论交流,各小组合作绘制并归纳长方体的基本特征。小组学习成果如何在班级内展示交流和讨论完善呢?

解决办法:

我们推荐利用移动授课功能解决,以 101 教育 PPT 互动演示功能为例。

1. 打开网址(http://ppt.101.com/),下载并安装 101 教育 PPT。

2. 电脑端打开 101 教育 PPT 课件,点击手机授课(支持 101 教育 PPT 微信小程序扫码连接),手机端打开应用程序,扫码连接电脑。

3. 连接成功后,教师可通过手机应用程序常用工具栏中的"图片快传""手机跟拍"等方式实时展示与分享过程性学习成果(图 1-88),也可以通过互动工具中的"投屏""视频快传"功能将优秀的作品在班级多媒体上进行展示(图 1-89)。

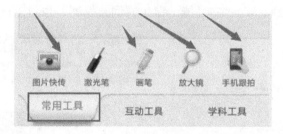

图 1-88　101 教育 PPT 展示分享工具

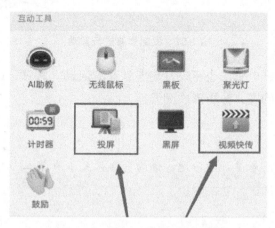

图 1-89　投屏与视频快传功能

资源拓展 2：

其他极简教育技术手段

1. 傲软投屏 Airplay。

Airplay 是一款简单好用的手机投屏软件，支持手机投屏到电脑。画面高清流畅，无延迟。

2. 利用希沃授课助手实现移动授课。

详细步骤详见本章第三节问题 2 中利用希沃授课助手实现互动投屏。

教学情境 3：

张老师计划课后让学生独立或小组合作利用思维导图、电子表格等形式对知识点进行整理，然后将自己整理的结果共享在班级学习空间，并进行互动交流与点评。

解决办法：

利用九一速课讨论区实现学生交流。

1. 打开微信公众号"九一速课"，选择"我的课堂"，点击"进入对应班级"和

"我的课程"。在班级教学活动区，点击"讨论区"，选择下方的"讨论管理"，发起讨论(图1-90)。

图1-90　班级讨论

2. 输入本次活动的主题和内容，选择讨论发布在"学生交流区"，最后确认发起讨论。学生可输入图片和文字回复，相互之间也可以回复(图1-91)。

图1-91　学生交流

其他极简教育技术手段

1. 利用雨课堂讨论区发起线上交流活动，详见本节教学情境 1 中的具体介绍。

2. 利用班级 QQ 群空间相册功能进行展示交流。

3. 利用钉钉的班级群空间展示交流。

问题 5：学习小组的组织与学生评价 >>>>>>>

张老师在信息技术的支持下开展教学活动，大大提高了学生的学习兴趣。在课前、课中以及课后，他会根据学习内容需要和学生特质的不同，把学生分成若干小组，开展学习交流、讨论及竞赛活动。他需要在教学开始前进行分组，并选择较为固定的小组评价工具。

教学情境 1：

选用工具对学生进行分组。

解决办法：

我们给他推荐了班级优化大师。

班级优化大师是及时记录并反馈学生行为表现的课堂管理工具，支持多位教师同步管理班级。评价指标支持自定义，能通过自定义对小组成员即时进行点评、反馈，对学生生成实时、多维、有序的评分体系，激发学生的积极性。长期使用后，教师可以按天、月、学期、年度查看学生的各种学习行为表现数据报表，并且能将自动生成的学生成长手册分享给家长。软件支持网页端、电脑端和手机端，须联网使用，同一账号登录后自动同步数据。

1. 打开网址（https：//care.seewo.com/），这里以网页端为例介绍如何分组。

2. 用希沃账号登录后，按"创建班级—添加学生—设置点评类型—邀请家长"的提示步骤顺次完成班级创建。

3. 点击"课堂管理"，选择班级"添加学生"，可单个或批量添加。完成班级创建后，系统自动生成邀请书和二维码"邀请家长"入班。（可邀请学生家长下载班级优化大师应用程序，以家长身份注册并登录。家长加入班级后可以随时查看教师对学生的评价情况）

4. 最后"完成班级创建"，进入班级管理界面。界面显示学生的姓名。教师选择

"小组"选项卡，可以对学生进行快速随机分组，也可以自定义分组(图1-92)。

图1-92　调整学生分组

在使用班级优化大师的过程中，对小组的点评积分也会自动累积到学生个人积分中。

扫一扫，观看详细操作
见视频1-13

教学情境2：

对小组成员进行学习评价。

解决办法：

班级优化大师的网页端、电脑端和手机端均可点评，但是班级管理、学生及分组管理、点评项目增删修改等操作只能在网页端和手机端进行。电脑端、手机端和网页端的点评操作方式一致，数据是同步更新和累计的。电脑端大多安装在教室多媒体上，供教师在上课过程中使用，功能多集中在点评操作上。这里以电脑端点评的操作步骤为例进行介绍。

1. 在班级优化大师网页端建好班级和小组后，选择要点评的班级，通过编辑名称、分值、图标等设置好点评的类型和内容。

2. 在教室里的多媒体上打开班级优化大师，选择授课班级，进入点评界面，选择学生后针对内容进行点评记录，如表扬该组遵守纪律，点击"遵守纪律"即可为学生加分(图 1-93)。

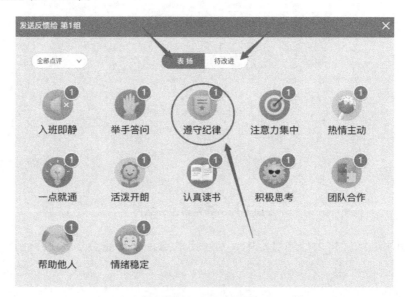

图 1-93 选择点评内容

3. 在电脑端选择"班级报表"，可以按周、月、自定义日期等时间段查看个人表现和班级表现(图 1-94)。

图 1-94 查看班级报表

除了在课堂上对小组或学生个体进行实时点评外，教师在课前或课后均可对小组或学生个体的作业情况、小组实践活动情况、个体参加班级或家庭劳动的行为表现等随时随地在手机端进行点评。

扫一扫，观看详细操作
见视频 1-14

资源拓展：

人人通空间(原家校帮)应用程序简介

一款基于教育云实名制的网络教育应用，集合了网络空间、移动授课、移动作业、家校沟通、班级管理、学生点评等多种应用，搭建起了家庭与学校、家长与教师沟通的桥梁，实现了学校、家庭和社会"三位一体"协同教育。

第二章
课堂导入与活动

　　本章基于小学数学课堂教学实施中的各种教与学的需求，结合真实的教学情境与典型问题，介绍了课堂教学实施中常用的极简教育技术。课堂教学实施的效果直接决定着教学质量，做好教学工作是一线教师的重要责任。当前小学数学教学的实施是以学习活动的方式推进的，活动类型包括：创设情境引出学习需求，明确要求开展自主探究，同伴合作交流互动，归纳比较总结提炼，练习反馈错题诊断，课堂小结评价反思，课后针对性作业与外延学习等。这些教学活动都可以在极简教育技术的支持下有效开展。本章希望通过介绍极简教育技术，帮助一线教师有效开展课堂教学活动。

第一节

极简技术视野下的课堂导入

问题 1：简易的情景导入 >>>>>>>>

教学情境：

唐老师正在准备北师大版四年级下册"优化"这节课。这节课的第一个大的活动是沏茶。学生对茶不是太了解。教师直接引入，显得不够生动，也缺少文化的渗透。为了生动地引入新课，唐老师想了一些办法。刚开始的时候她采用的是找一些茶叶的图片，用图片来激发学生学习的兴趣。但是试讲了一两次，她就否定了这种方式，觉得这样似乎不能达到她想要的效果。那么到底怎样才能达到更好的效果呢？

解决办法：

她带着疑问请教了备课组的其他教师，几位教师坐在一起探讨解决办法。大家通过头脑风暴，想到了用一段视频来引入新课。到底用什么样的视频更好呢？后来教师们商议用一段关于茶文化的视频来引入新课。有了这个方向，接下来就是付诸行动了。备课组的教师们也帮唐老师收集相关视频，找到七八个视频后进行对比，最后选择了一个大家一致认为能更好表达意图的视频。但是这个视频时间有些长，而且中间部分不太合适，所以需要对视频进行修改。

教学设计片段：

一、激趣引入

师：中国是茶的故乡，据说中国人饮茶起源于神农时代。（播放介绍茶文化的视频）

师：同学们，你们觉得沏茶需要做哪些准备？

生：要烧水……

师：星期天的上午，淘气打算给妈妈沏茶，我们来看看他做了哪些准备。（课件出示主题图）

二、活动探讨，经历优化过程

（一）沏茶（先后顺序，同时进行）

师：我们一起来读一读淘气沏茶需要做哪些事，分别用多长时间。

学生将主题图的信息读一遍。

师：淘气要沏茶，怎样安排才能节约时间？想一想，把你的安排记录在课堂本上。

学生自主尝试方法。

那么，怎样剪辑已有的视频呢？这里给大家介绍 InShot 视频编辑器。

1. 在手机上下载视频编辑软件 InShot。打开 InShot 软件，点击"视频"，打开我们想要编辑的视频文件。

2. 用"剪切"工具把我们不想要的部分剪掉，可以剪两头、剪中间或者拆分视频，留下需要的部分（图 2-1）。

图 2-1　裁剪视频

3. 如果发现视频中有不想要的水印，还可以通过调整画布的大小、比例来去除（图 2-2）。

图 2-2　调整视频画布大小

4. 保存修改好的视频，并将视频插入制作的课件，点击"播放"即可。

资源拓展：

用 InShot 视频编辑器去掉视频的原音

在日常教学过程中，我们有时候需要去掉一段视频的原音，方法如下。

1. 打开 InShot 软件，点击下方菜单栏中的"音乐"（图 2-3）。

图 2-3　点击"音乐"

2. 点击"音频"，可进入编辑音频界面（图 2-4）。

图 2-4　进入编辑音频界面

3. 拖动音频声音按钮，将其拖拽到最左侧即可(图 2-5)。

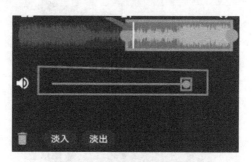

图 2-5　拖动音频声音按钮

4. 修改完成后点击右上角的"保存"按钮，这样视频就没有声音了(图 2-6)。

图 2-6　保存视频

问题 2：引人入胜的故事导入 ﹥﹥﹥﹥﹥﹥﹥

教学情境 1：

在二年级上册总复习阶段，教研组组长让唐老师上一节关于"整理与复习——除法"的复习课，目的是让低段的教师都学一学如何上好一节复习课。接到这项任务后，唐老师特别焦虑。她感觉自己一头雾水，完全不知道从何入手，不知道怎样上好一节复习课。经过不断查找资料、研读教材、学习视频，她知道了上好一节复习课的要素，也基本厘清了关于"整理与复习——除法"需要复习的要点。唐老师又不想一一列举知识点，那到底应该怎么做呢？

解决办法：

每次公开课的前期准备阶段都会有整个备课组共同研讨的时间。大家坐在一起，共同研读教材，探究解决办法。备课组的教师在组长的带领下集思广益，最后决定用一则引人入胜的故事来将这些零散的知识点串起来。可是用什么故事，怎样去寻找一则合适的故事成了大家当前需要解决的问题。通过共同努力，大家决定用"猴王争夺赛"的故事来引入。

在开课之初，教师播放 2 段音频。

音频 1："今天是猴王争夺赛，比赛规则是谁能快速爬上台阶，最先摘到桃子，谁就能做花果山的猴王，这次猴博士出的是数学题。"

音频 2："孙悟空急得抓耳挠腮，说道：'让俺老孙翻筋斗还行，做数学题，这可难倒我了。'"

音频结束后，教师顺势说："孙悟空没有系统地学习过数学，想请我们班的小朋友来帮助他，你们愿意吗?"对于二年级的学生来说，他们特别感兴趣，特别愿意帮助别人解决问题，这样就顺理成章地进入了复习过程。

教学设计片段 1：

（播放音频，引入情境）

师：孩子们，你们能帮帮它吗?

学生帮助孙悟空完成台阶上的口算练习。

师：你们可真厉害！我们发现猴博士出的题大部分是除法，那么今天我们要和孙悟空一起整理复习除法知识。（板书：整理与复习——除法）

师：刚刚大家已经帮助孙悟空争得了猴王的宝座，可是猴博士说了，要想做好美猴王，还必须通过他的层层考验才行。

第一关：将摘来的桃子平均分，什么是平均分?（板书：平均分)你能说一说自己的理解吗?

除了上课之初用到这则故事，整个教学过程都采用"猴王争夺赛"的形式将知识点串在一起。下面这个片段就是教学过程中用到的故事，整节课都以故事情境作为一条推进教学的明线。当然，整个设计过程还有一条以知识内容为主的暗线。

教学设计片段 2：

师：第二天孙悟空又摘了一堆桃，它仔细数了数，共 56 个，要分给 7 只小猴，平均每只小猴分几个?你能帮它列出算式吗?

生：$56÷7=8$。

师：这个除法算式表示什么意义呢?

师：那么你是怎么快速地算出这个除法算式的结果的呢?（计算这个除法算式时孙悟空又开始犯难了："前面桃的数量少，我们可以用摆一摆、画一画的方式计算出平均每只猴子分桃的个数，现在桃增加了，猴子也增多了，我又该怎样快速计算出每只猴子分几个桃呢?"）

生：七八五十六。

师：没错，也就是我们之前学习的可以用乘法口诀求商。

师：（板书"乘法口诀求商"）你们是怎么定位到这句口诀的呢?

生：除数是几，就想几的乘法口诀。

录制音频前先写好脚本，本次音频需要 2 个角色：旁白和孙悟空。准备好之后直接用手机自带的录音功能录制。录制的过程中需要安静的环境，以减少杂音，同时录制前后都可以留一点儿空余时间，便于后期剪辑。剪辑音频可以利用 QQ 影音、Adobe audition 来完成，音频剪好后保存。录制结束后用 PPT 的插入功能直接将音频插入页面，播放时直接点击"播放"按钮。后面过程中的故事串讲就不需要再用音频了，教师可直接口头讲故事，串联知识点。

录制音频操作方法如下。

1. 打开手机上的录音机，开始录制音频(图 2-7)。

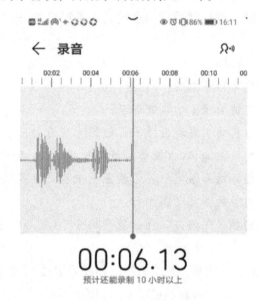

图 2-7　开始录音

2. 点击刚才的音频，找到"重命名"按钮(图 2-8)。

图 2-8　点击"重命名"

3. 将录制好的音频重命名(图 2-9)。

图 2-9　对音频重命名

4. 将录制好的语音发送到电脑端(图 2-10)。

图 2-10　将音频发送至电脑

5. 打开课件(这里介绍的是希沃课件),点击"多媒体",插入刚才的音频(图 2-11)。

图 2-11　打开希沃白板点击"多媒体"

6. 课件播放时直接点击播放按钮就可以播放了(图 2-12)。

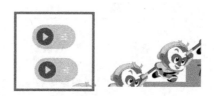

图 2-12　点击播放按钮即可播放

教学情境 2：

唐老师在准备教学五年级上册"组合图形的面积"一课时遇到了一个难题，她不知道怎样将生活问题转化成数学问题来引入新课。

解决办法：

经过备课组的多次头脑风暴和她自己的不断尝试，大家最后一致决定用一则小故事来引入，只是这次不用教师讲解故事，而是录制一段讲解视频。先写好视频的脚本；找两名学生分别扮演淘气和笑笑，找一位教师扮演智慧老人；收集好图片素材，如智慧老人的图片、小区的实景图、一套房子的实景图、客厅的实景图(未装修)、客厅的平面图(教材中的图片)，并将这些图片按顺序插入 PPT；然后在播放 PPT 的同时录制 PPT(图 2-13)。三个角色同时录制声音进去。在录制的过程中，师生有时候会因紧张而说错话，这时不用停下来，可以继续录，然后用 QQ 影音来剪辑视频。

图 2-13　播放 PPT 同时可录制

1. 鼠标双击打开 QQ 影音，选中视频，开始截取(图 2-14)。

图 2-14　选中视频点击"截取"

2. 将出错的部分截取掉，留下有用的部分即可(图 2-15)。

图 2-15　截取出错的部分

脚本：

智慧老人：同学们，最近我买了一套房子，正打算装修，但是遇到了一个小问题需要同学们的帮助。

淘气：是什么问题呢？

智慧老人：我需要让装修工人给客厅铺上地砖，装修工人问我客厅有多大。

笑笑：这很简单，问客厅有多大，其实就是求客厅的面积。你把客厅的平面图给我们，我们帮你计算出来。

教师出示客厅平面图(教材中的图片)，是一个组合图形。

淘气：这和我们平时计算的图形不一样，怎么办？

视频播放结束，教师说："这个图形和我们原来计算的一些图形不一样，怎么办？"顺势将这个问题抛给了班级的学生，让学生自主探究、小组合作，最后汇报。视频中笑笑说："问客厅有多大，其实就是求客厅的面积。"巧妙地将生活问题转化成了数学问题。

资源拓展：

QQ 影音转 mp4 格式的方法步骤

1. 首先打开 QQ 影音播放器，然后点击右下角的"影音工具箱"图标（图 2-16）。

图 2-16　点击"影音工具箱"图标

2. 接着点击"转码压缩"（图 2-17）。

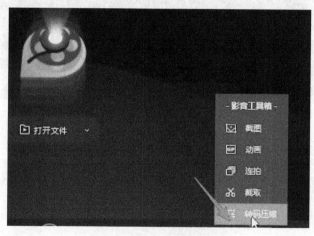

图 2-17　点击"转码压缩"

3. 再点击左上角的"添加文件"（图 2-18）。

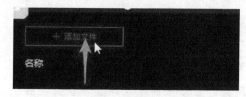

图 2-18　点击"添加文件"

4. 然后打开视频文件，选择视频格式为"mp4"（图 2-19）。

图 2-19 选择"mp4"格式

5. 最后点击右下角的"开始"即可（图 2-20）。

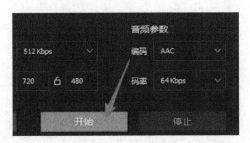

图 2-20 点击"开始"

> **问题 3：吸引力强的游戏导入** >>>>>>>>

教学情境 1：

唐老师知道，在数学教学中，游戏是激发学生学习兴趣、调动学生学习积极性和主动性的有效途径。她在对五年级下册四单元"整理与复习"进行教学设计时，就想通过一些简单的活动，将数学与游戏有机整合，在游戏中融入数学知识。但是她对于要设计怎样的游戏一直愁眉不展，思考了很久，都没有确定怎么设计这个游戏。

解决办法：

面对这种情况，她请教了六年级的教师，通过交流、询问，了解到他们当时教这部分内容的时候，采用了希沃白板课堂活动中的"判断对错"功能来设计游戏，通过复习导入的方式引入新课。受到启发的唐老师也进行了相应的设计。

教学设计片段：

师：同学们，这段时间我们学习了第四单元，今天我们就一起来复习第四单元的知识。在复习之前，我想考考大家以前学过的知识还记得多少，你们准备好了吗？

生：准备好了。

师：我们一起来试一试，请男生、女生各派一名同学上讲台来比赛。

师：通过刚才的判断对错的游戏，你有什么发现？

生1：我发现有的知识我们还记得很清楚，但是有些公式我们已经混淆了。

生2：我发现第四单元的知识点有很多，也很零散，我们需要进行整理。

师：你们真是善于观察和思考的孩子，这节课我们就一起用思维导图的方式来进行整理(板书课题)。

游戏设计的操作步骤如下。

1. 打开希沃白板，找到课堂活动中的"判断对错"，选中一个模块进行编辑(图2-21)。

图2-21　添加"判断对错"活动

2. 编辑题目，并设置正确的答案(图 2-22)。

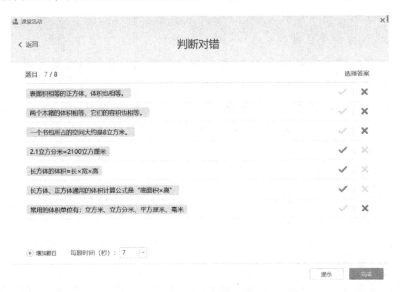

图 2-22　编辑题目和答案

3. 制作完成后，在授课界面直接使用(图 2-23)。

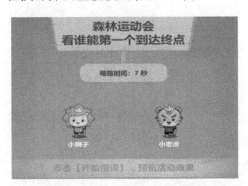

图 2-23　在授课界面直接使用

教学情境 2：

一年级的学生学习了 20 以内的退位减法后，李老师在上练习课的时候想用游戏的方式来进行练习课的导入，一是想激发学生的学习兴趣，二是顺便检验一下学生的计算能力。李老师很想借助信息技术，让技术为课堂赋能，但是因为学生手上没有终端，又觉得一些游戏的开展可能不是那么顺畅。

解决办法：

鉴于李老师的这种情况，同备课组的教师通过讨论，建议李老师用希沃白板的课堂活动功能来开展游戏，主要运用分组竞争功能。

教学设计片段：

师：孩子们，这一段时间我们都在学习什么呢？

生：20以内的退位减法。

师：没错，我们一起学习了20以内的退位减法。你能快速计算吗？

生：能。

师：现在我们一起来玩一个游戏，检验一下自己是不是能快速算出结果。现在请两名同学上台比赛，台下的同学也需要认真计算，并作为小老师观察台上的同学是否做对了。

（两名同学上台进行比赛）

师：刚才孩子们能快速地算出结果，真不错。谁能举例说一说退位减法的计算方法？

生1：比如，"15－7＝?"，我们可以先把15分成10和5，用10－7＝3，再用3＋5＝8，最后得出15－7＝8。

生2：还可以把7分成5和2，用15－5＝10，再用10－2＝8，最后得出15－7＝8。

教师用希沃白板出示小游戏，请两名同学上台比赛，台下的同学作为小老师进行监督。

扫一扫，观看详细操作
见视频2-1

教学情境3：

在教学"统计与猜测"这一单元时，李老师遇到了两个困难：一是部分学生不能准确地理解"一定""可能"或"不可能"这些抽象的词语；二是课程安排在下午最后一节课，而且第二天学生要去研学，学生的心思早已飞出了课堂。怎样才能克服这两个困难呢？

解决办法：

为了解决这两个困难，李老师想到了数学游戏。在课前，李老师设计了一个小游戏，让学生亲自实践，具体操作，并在游戏中体会、感知。这个游戏只需要教师准备一个骰子就可以完成。

教学设计片段：

师：老师今天准备了一个小游戏要和你们来玩，这个游戏叫作掷骰子，我每次掷骰子之前要问你们一个问题，你们来回答好吗？

生：好！（学生很高兴）

师：我可能掷出 7 点吗？

生：不可能。（学生很肯定地回答）

师：我可能掷出 3 点吗？

生 1：可能。

（结果掷出了 5 点，有很多学生连忙举手）

生 2：虽然掷出的是 5 点，但是可能掷出 3 点。（其他学生默默地点头）

师：我可能每次都掷出 3 点吗？

生：不可能。

这是李老师在课前设计的一个小游戏，让学生通过掷骰子来初步感受关于"可能性"的知识。当李老师讲授新课时，许多学生精力集中，不但能把心思从研学的事情上收回来，而且能够全神贯注地投入游戏。通过游戏，学生接受新知识非常快，最终能够很好地用"一定""可能"或"不可能"等词语描绘生活中一些事件发生的可能性。

资源拓展：

小学数学课堂的导入语

1. 同学们，看到这个课题，你们想了解些什么？

2. 你们已经知道了年、月、日的哪些知识？谁愿意说给大家听一听？

3. 同学们，你们想知道车轮为什么做成圆的吗？车轴为什么装在中间呢？学完了这一课，你们就明白了。

4. 大家都知道，数学与我们的生活密切相关。今天，咱们就来看看谁善于运用所学的数学知识来解决日常生活中的问题。

5. 同学们，你们已经探索出了"9＋×"的计算规律。关于"8＋×"的运算规律，大部分同学肯定已经触类旁通了。来，谁想当回小老师，把你的研究成果展示给同学们？

6. 数据很有说服力，能说明问题，但不能从天而降，因此，我们需要去"收集和整理"。

7. 同学们，我们学校操场的东北角有一棵大杨树，请同学们想一想不锯倒这棵大杨树，怎样知道它的直径。通过这节课的学习，你们一定能解决这个问题。希望同学们积极探索，大胆创新，看谁最先准确算出这棵大杨树的直径是多少。

8. 一只蚂蚁在圆周上爬了一圈（出示投影），看到这种情境，你想提出什么问题吗？

9. 同学们喜欢机器人吗？看，它已经一步一步向我们走来了——"小朋友们好，我是机器人笨笨，今天，让我跟你们一起学习'图形'一课，好吗？"（电脑显示）

10. 同学们，我们刚刚结束了第三单元的学习，这节课我想请同学们当小主人，老师当听众，由你们把本单元的知识系统整理一遍，好吗？

11. 同学们，在我们的生活中，到处可见一幢幢楼房，那你们知道为什么楼房能够盖得又高又直吗？这可是个秘密，你们想不想知道？

12. 今天，老师给大家变一个小魔术，只要你随便说出一个分数来，老师就知道它能否化成小数，你想不想把老师的这项本领学到手呀？

13. 有两个角，一个是蓝角，一个是红角。有一天两个角争吵起来了，红角骄傲地对蓝角说："我比你大。"蓝角不服气地说："其实你并不比我大。"那么这两个角到底哪个大呢？请小朋友们用三角板比比看。

14. 我们已经认识了自然数和分数，今天数的大家庭里又来了一位新成员，它和分数关系可好了，同学们想知道它是谁吗？

15. 同学们喜欢过生日吗？你已经过了多少个生日了？小华今年13岁，可它才过了3个生日，同学们想知道这是为什么吗？

第二节

极简技术视野下的课堂活动开展

问题 1：学生自主探究的支持工具

教学情境 1：

新入职的刘老师喜欢思考如何在教学中使用 App，她在准备一年级上册"小明的一天"(认识钟表)一课时，通过分析教材认识到这是一节包含大量动手操作的概念课，需要为学生准备真实的钟表或可拨动的表盘。她去教具室找到了教师上课会用到的钟表模型，但是这个教具只能手动单次拨动时针、分针、秒针，与实际走动的钟表并不相同，不利于学生自主探究，她对这个教具不是很满意。于是，她想有没有 App 可以代替传统教具供她和学生上课使用。

解决办法：

刘老师首先想到的是手机自带的时钟，但是它不能动手拨，只能在设置里改变时间，对于一年级的学生来说操作起来也比较麻烦。于是她在手机上大量搜索与钟表有关的 App，最终确定了"小学数学动画"这款软件，其里面的时钟具备的功能让刘老师很满意。学生不仅可以通过动手操作，改变时针和分针的位置，还能通过点击旁边的红色按钮看到拨出的钟面表示的时间，验证自己拨出的时间是否准确。

教学设计片段：

师：时针、分针和秒针大家都认识了吗？现在我们来学习几点、几点半，好吗？

听要求：拨一拨、说一说，和同桌一起，一个人拨时间，说说你是怎么看出这是几点的；一个人拨几点半，也要说清楚你是怎么看出这是几点半的。再交换，拨得快的可以轮着多拨几次。

学生汇报：边拨边指着说，时针指着 3，分针指着 12，就是 3 点。时针在 3 和 4 中间，分针指着 6，就是 3 点半。

扫一扫，观看详细操作
见视频 2-2

资源拓展：

小学数学动画应用程序简介

小学数学动画 App 通过形象、生动、清楚、易懂的触摸动画来解释小学数学知识和原理。

小学数学动画 App 包含如下教学动画。

1. 加减乘除（1～10）：数数动画、加法动画、加法表、减法动画、减法表、乘法动画、乘法表、除法动画、除法表。

2. 多位数运算：多位数加法、减法、乘法、除法的运算动画。

3. 分数运算：分数加法、减法、乘法、除法的运算动画。

4. 小数运算：小数加法、减法、乘法、除法的运算动画。

5. 四则运算规律：加法交换律动画、乘法交换律动画、乘法分配律动画。

6. 时钟。

7. 几何公式教学动画：正方形周长动画、长方形周长动画、正方形面积动画、长方形面积动画、平行四边形面积动画、梯形面积动画、三角形面积动画、三角形内角和动画、圆形周长动画、圆形面积动画等。

刘老师在她的课堂上使用了小学数学动画 App 中的时钟开展教学。使用应用程序教学，一方面极大地增强了课堂的趣味性，使学生乐于探究；另一方面应用程序比传统教具功能性强，更有利于知识目标的完成。体验到了运用 App 进行教学带来的可喜效果，刘老师结合她使用的北师大版教材进行了查找，还找到了一些可为学生在课堂上自主探究提供帮助的工具。

教学情境 2：

周老师马上要教四年级下册"观察物体"这一单元了，他正在做着教具上的准备，可是他发现学校教具室现有的小正方体不够用，如果自己来做和请学生回去做都有点费精力。在第二课时"我说你搭"中，学生要经历搭立体图形的操作过程，教师最好让大家都能动手搭一搭。他尝试过自己做课件，可是根据已有水平和技术做出的课件，学生只能从正面观察，无法观察到其他面的实际图形。

解决办法：

周老师正在研读《现代极简教育技术》这本书，他想起了在这本书中看到的一个数学教学系统——魔法园丁。他下载后发现里面有这一课时的相关资源，能够支持学生观察和操作。于是他把这个系统运用到了"我说你搭"这节课的教学中。

课堂中关于"魔法园丁"的使用情况如下。

1. 打开网址(http：//edu.clustertech.com.cn/)，下载并安装相应版本的软件(图 2-24)。

图 2-24 下载安装"魔法园丁"

2. 注册并登录，选择相应的教材，点击进入(图 2-25)。

图 2-25 选择相应的教材

3. 选择相应的课程，点击"播放"(图 2-26)。

图 2-26 选择相应的课程

4. 根据提示进行相关操作(图 2-27)。

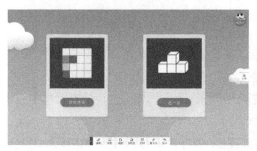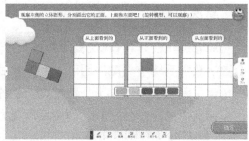

图 2-27　根据提示进行操作

资源拓展：

见第一章第三节的问题 2 中的解决办法。

问题 2：小组交流活动的支持工具 >>>>>>>

教学情境：

张老师要为教研组上一节研讨课，这节课要体现"小组活动"。张老师任教于五年级，通过筛选，最终决定上"组合图形的面积"一课。在这节课上，学生要在自主探索的活动中理解并掌握计算组合图形面积的多种方法。确定好教学内容后，张老师开始精心设计，希望为学生的小组活动提供尽可能多的支持工具，充分发挥学生的自主性。

解决办法：

张老师正好参与了关于提升小学数学教师信息技术能力的培训活动，在培训中接触到了超星学习通平台，这个平台正好有分组任务的功能(分组任务教学是教师将教学内容归结为若干任务，以任务为主线、教师为主导、学生为主体，采用分组完成的方式)。超星学习通可通过分组任务，围绕任务将学生分成若干学习小组，引导学生在任务完成过程中自主探究、相互协作，最后进行任务完成情况的评价、交流、归纳和总结，并将结果投屏展示。张老师在课堂中进行了尝试使用。

"分组任务"功能的操作方法如下。(下载、登录等其他操作见后文"超星学习通操作说明")

1. 创建课程。登录超星学习通后，点击右下角的"我"，选择"课程"；点击右上角的"＋"，选择"新建课程"；输入课题名称后，点击右上角的"完成"(图2-28)。

图 2-28　创建课程

2. 添加"分组任务"。进入课程，添加班级，点击班级进入，点击下面的"＋"，选择"分组任务"(图2-29)。

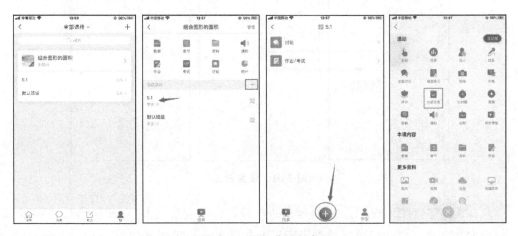

图 2-29　添加分组任务

3. 创建"分组任务"。进入分组任务编辑页面，点击"任务描述"编写小组活动要求，可上传任务材料，支持图片、视频、录音等多种格式。编写好之后，点击"完成"(图2-30)。

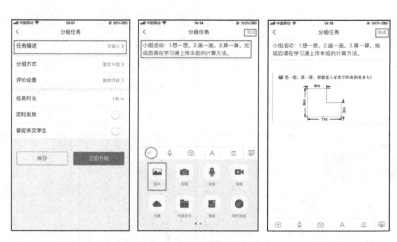

图 2-30　创建分组任务

4. 设置分组。在分组任务编辑页面，点击"分组方式"，有"固定分组""学生自选分组""组长建组""随机分组"不同形式，教师可根据实际需要选择。本课采用"固定分组"，点击"分组管理"。点击右上角的"＋"，选择新建小组，输入小组名称即可建立小组(图 2-31)。

图 2-31　设置分组

5. 还可以对评价方式、任务时长进行设置，完成后点击"立即开始"，即可向学生发布任务，学生通过终端进入即可参与任务。也可以事先"保存"，上课的时候再推送给学生。

资源拓展 1：

超星学习通简介

超星学习通是在智能手机、平板电脑等移动终端使用的移动学习专业平台，是国内一款优秀的知识传播与管理分享软件。超星公司 20 余年来积累了海量的图书、期刊、报纸、视频等资源，集知识管理、课程学习、专题创作为一体，为读者提供一站式学习与工作环境。用户可以在超星学习通上自助完成图书馆藏书借阅查询、电子资源搜索下载、图书馆资讯浏览，学习学校课程，进行小组讨论，查看本校通讯录。超星学习通还拥有电子图书、报纸文章以及中外文献元数据，可以为用户提供方便快捷的移动学习服务。

超星学习通为用户提供了海量学习信息资源，教师可以很方便地在超星学习通中创建网上教学课程，上传学习资源，建立学习小组，跟踪统计学生学习情况，在课前、课中、课后合理利用教学资源，结合互动工具辅助课堂教学，加强课堂师生互动，活跃课堂气氛，提高学生学习的兴趣与积极性，高效辅助教学，实现教学效果的有效提升。

资源拓展 2：

超星学习通操作说明

1. 下载超星学习通 App。

在应用商城搜索"超星学习通"，点击下载或获取即可下载安装。

2. 登录超星学习通 App。

（1）教师下载超星学习通 App 后，按照学校提供的教师账号登录即可（教师账号一般为手机号）（图 2-32）。若教师无账号，先选择新用户注册，用自己的手机号实名注册账号即可。

（2）学生下载超星学习通 App 后，按照学校提供的学生账号与操作手册登录即可。学生若无账号，先选择新用户注册，用家长的手机号与自己的姓名实名注册账号即可。

3. 关于备课

完成课程创建后，教师可进行以下操作（图 2-33），完善自己的课程。

（1）教师可将课件上传到该门课程主页的"教案"中，点击"教案"后，进入教案页面，点击该页面右上角的"＋"，根据课件添加提示。打开电脑浏览器输入网址yun.chaoxing.com，从电脑上选择需要上传的课件进行上传即可。

图 2-32 登录与注册界面

（2）教师可将需要学生提前学习的内容，以单位/课次为单位编辑到课程"章节"内，点击"章节"，即可编辑章节内容。超星学习通支持文字、图片、视频、音频、文档等资源的编辑上传。学生进入所学课程，按照课程章节进行在线学习或参加测试，同时系统可以对每名学生学习的任务点和考试成绩进行记录。

图 2-33　进行课程建设

> **问题 3：教学活动中学生意见的收集与展示工具** >>>>>>>

教学情境：

姚老师最近要上一节"分物游戏"课，这节课是小学阶段除法学习的起始课，让学生通过对小数目实物进行平均分，初步体会平均分的意义，积累平均分物的活动经验。姚老师深知除法是小学生比较难理解的数学概念，要突破学习除法的难点，关键是让学生理解平均分的具体意义。本课中创设了三种分物的具体情境，尤其是在小兔分萝卜的情境中，要让学生通过实际操作与交流，感受到平均分物活动中方法的多样性与结果的一致性。为此，姚老师为每名学生准备了小兔和萝卜的卡片，让每名学生都能动手操作。但是如何把学生个人的操作结果进行展示呢？如果利用教室的实物投影，那么学生在展示的时候又要进行一次操作，好像有点浪费时间，而且低年级的学生很容易忘记他们刚才的操作过程，实物投影也只能进行单一的操作，如何对比不同的分物方法呢？姚老师想能不能找到办法，灵活收集学生的操作结果，并且在交流环节实现个人展示和对比展示。

解决办法：

姚老师在网络上多方搜索后，看到有一位美术教师在课堂上将学生的绘画作品用手机拍下来展示在大屏幕上，每个人都可以对其进行赏析。于是她想她也可以在教学活动中把学生的操作结果拍下来，然后展示到电子屏上供全班交流。通过进一步学习，她知道了手机投屏就可以达到这样的效果。经过一番搜索查找，她决定使用"希沃授课助手"来辅助她教学。

教学设计片段：

师：这里有3只小兔，有几根萝卜，我们一起来数一数。

师：谁来完整地说说，要把几根萝卜分给几只小兔。

生：要把12根萝卜分给3只小兔。

师：分的要求是什么呢？我们一起来读一读。

生：每只小兔分到的萝卜一样多，每只小兔分到几根萝卜？

师：看活动要求。

想一想（准备怎么分）。

摆一摆（一边摆一边说）。

说一说（同桌间交流分法）。

生：我每次给1只小兔分1根，分了4次，最后每只小兔分到了4根。

生：这样分，最后每只小兔是不是一样多？

生：第1次，每只小兔分2根；第二次，每只小兔分2根。我每次给1只小兔分2根，分了2次，最后每只小兔分到了4根。

生：我给每只小兔分4根萝卜，分了1次。

师：比较不同的分法，有没有相同点呢？

生：都是12根，都是分给3只小兔，都分到了4根。

师：像这样每只小兔分到一样多的萝卜的分法就叫作平均分。

课堂中关于希沃授课助手的使用如下。

1. 打开网址（http：//e. seewo. com/product/Seewolink），点击下载即可（图2-34）。

图 2-34　软件下载

2. 连接手机 App 和电脑。首先确保手机 App 和电脑端连接在同一个网络中。有无线网络时，将手机和电脑连接至同一无线网络中；无无线网络时，打开电脑端，启动热点，将手机连接至此热点。然后打开手机应用程序，选择需要连接的电脑，点击"连接"，或者点击"扫描连接"，扫描电脑端的连接二维码(图 2-35)。

图 2-35 连接手机应用程序与电脑

3. 使用手机自带相机把学生的操作结果拍下来。点击 App 页面的"文件上传"，从相册里把需要的照片选中，然后点击右下方的"上传"按钮，即可在一体机或白板上展示选中的图片(图 2-36)。

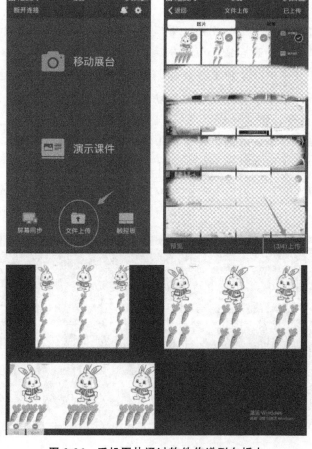

图 2-36 手机图片通过软件传递到白板上

4. 要展示和交流哪张图片就点开哪张，即可放大。点击页面下方的"笔"按钮，还可以在图片上做批注(图 2-37)。

图 2-37　在图片上批注

资源拓展：

其他手机投屏方法

1. 爱莫助手。

电脑打开"爱莫助手"网址 https：//airmore.cn/，启动爱莫功能页。

手机下载并打开爱莫助手应用程序，点击"扫描连接"，并扫描屏幕二维码，手机与电脑实现同屏。

优点：教师在使用手机的时候，可以在教室里面走动，对学生的作品或表演进行拍照投影，全班同学观看投影。

缺点：没有无线网络覆盖的教室，不能使用。

2. 针对苹果手机，可以网购苹果手机转接 VGA/HDMI 的双接口转换器，即插即用。

优点：即插即用，无须驱动软件，信号稳定。

缺点：有线连接手机，无法在课堂移动，只能在固定位置使用。

问题 4：发散性思维形成的助力工具 >>>>>>>

教学情境：

肖老师是一位喜欢教研结合的数学老师，本学年他研究的小课题是"如何在小学数学课堂中培养学生的发散性思维"。在教学中，肖老师一边学习钻研发散性思维的理论知识，一边在课堂实践中运用，寻找培养策略。

解决办法：

肖老师阅读了大量的文献资料，对发散性思维有了比较清晰的认识。

肖老师通过研究发现"问题"在发散性思维的培养中起着重要的作用，他决定在课堂上用"以问导学"的方式对学生的思维进行启发。他从某文献中学习到了以"问题"为中心的教学五环节：确定问题—分析问题—解决问题—拓展问题—反思问题，并把这五个环节运用到了北师大版五年级下册"确定位置(一)"一课的教学中。

教学设计片段：

1. 创设问题情境。

师：成都是天府之国，今天有幸来到这里，老师很开心，想和你们一起玩一玩，学一学。玩什么呢？打敌人。我们先来看一段海军演习的视频。(播放视频)

师：感觉怎么样？

师：这是广州舰——负责消灭敌军舰队。你想不想当舰长，指挥这次演习？

师：发现敌舰，请舰长指示。

问题：打中了吗？(没有)为什么？

(引导学生发现东北方向范围很大，方向和角度不准确等问题)

2. 确定问题。

问题：怎样才能打中？请舰长们讨论一下，在小组内说说你的想法和理由。

3. 分析问题。

师：谁来汇报？

预设1：北偏东30度方向。

预设2：东偏北60度方向。

师：哪种说法对？(北偏东30度方向)

师：刚才炮打偏了，现在方向准确了，北偏东30度方向，好——开火。(课件出示又没打中)

师：为什么？(引导学生发现北偏东30度方向)

师：说得好。军事雷达迅速测出敌舰①距离广州舰30千米。谁来说说敌舰①的准确位置？

生：敌舰1在北偏东30度方向。

预设生：向广州舰的北偏东30度方向30千米处开火。

师：向哪儿开火？

生回答：向广州舰的(   )偏(   )方向(   )千米处开火。

4. 解决问题。

现在，你能用这种方法确定敌舰⑤的位置了吗？要想知道敌舰⑤的位置，我

们首先要知道······

生：方向。

师：还要知道······

生：角度。

师：军事雷达测出这个角的角度是55度，还要知道······

生：距离。

师：敌舰⑤距离广州舰40千米。

师：现在谁来说说敌舰⑤的准确位置？

············

5. 拓展问题。

课件出现一位猎人。

师：谁来说说小鹿1号和小鹿2号分别在猎人的什么位置？

生分别回答：小鹿1号在猎人的(北)偏(西)50度方向150米处。

小鹿2号在猎人的(北)偏(东)80度方向180米处。

师：小松鼠和小兔呢？请同学们完成第2小题。

师：你们知道猎人在小松鼠家的什么位置吗？

生：猎人在小松鼠家的(北)偏(东)75度方向300米处。

师：你们知道猎人在小兔家的什么位置吗？

生：猎人在小兔家的(北)偏(西)40度方向500米处。

问题：确定的都是猎人的位置，为什么说法却不同呢？

生：观测点不同。

6. 反思问题。

师：同学们，今天我们又一次走进"确定位置"，其实，在以前的数学学习中，我们多次学过确定一个点的位置。（微课回顾）

资源拓展：

发散性思维简介

发散性思维(Divergent Thinking)，又称辐射思维、放射思维、扩散思维或求异思维，是指大脑在思维时呈现出一种扩散状态的思维模式。

数学上的发散性思维主要是以问题为中心，思维向四处发散，沿着不同的方向去思考，从不同角度、不同侧面对所给信息或条件进行重新组合，从而找出多种合乎条件的可能的答案、结论或假说的思维过程和方法。[1]

---

[1] 刘雪芳：《高中物理教学中培养学生发散性思维的研究与实践》，硕士学位论文，上海师范大学，2010。

教学情境：

徐老师已经教完北师大版三年级上册第一单元"除法"的内容，在单元测验前，还要复习一下本单元的内容。按照以前的复习思路，徐老师都是以板书或课件的形式把关键知识点呈现出来，用一两节习题课来带领学生复习主要知识点。久而久之，徐老师感到学生在这样的复习过程中稍显被动，不能唤起对旧知识的主动回忆。当问学生"在除法这个单元，我们学到了哪些知识"时，有的说学到了竖式，有的说学到了混合运算，有的说学到了有余数的除法，都是比较零散的回答。徐老师觉得这样的复习也不利于知识的建构。她希望在学习的过程中，学生能够通过共同交流和讨论，有效整理出"除法"这个单元的知识要点。

解决办法：

有了这个想法后，徐老师很快想到了利用"思维导图"来帮助学生梳理知识。复习课信息量很大，为切实提高复习效率，教师要向学生交代复习课的主题及所要建构的知识模块的主要知识点，再根据复习课的主题以及主要知识点之间的内在联系，设计若干问题来引导学生对知识进行梳理。徐老师以习题为载体，一组习题对应一个知识点，通过做题的方式抽象出知识要点。

徐老师计划用2课时来完成对"除法"这一单元的复习。第一课时是对除法算理、算法的回顾，第二课时是利用除法运算解决问题以及制作思维导图。习题部分的学习还是以个人学习为主，思维导图的制作环节采用小组协作的方式来完成。在组内合作制作好成果图后，学生进行小组汇报，共享小组成果图，最后一起修改完善，合成全班成果图。

部分教学问题设计：

算一算，说一说。

(1)$636 \div 4 = \quad 336 \div 4 =$

问题：为什么商的位数不同？

(2)$306 \div 3 = \quad 405 \div 3 =$

问题：被除数十位都有0，为什么商中间有的出现0，有的没有0？

(3)$653 \div 5 = \quad 673 \div 5 =$

问题：为什么被除数的末尾都是3，一个商的末尾是0，一个不是0？

(4)问题：说一说，三位数除以一位数的竖式计算，要注意什么？

学生制作的思维导图见图 2-38。

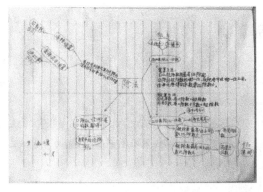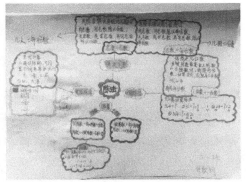

图 2-38　学生制作的思维导图

资源拓展 1：

思维导图简介

思维导图，又称脑图、心智地图、脑力激荡图、灵感触发图、概念地图、树状图、树枝图或思维地图，是一种表达发散性思维的有效图形思维工具。思维导图使用一个中央关键词或想法引起形象化的构造和分类的想法，简单又有效。思维导图运用图文并重的技巧，把各级主题的关系用相互隶属与相关的层级图表现出来，把主题关键词与图像、颜色等建立记忆连接。思维导图充分运用左右脑的机能，利用记忆、阅读、思维的规律，协助人们在科学与艺术、逻辑与想象之间平衡发展，从而开发人类大脑的无限潜能。

东尼·博赞是思维导图的发明者，他在《思维导图》一书中提出了 10 条绘制思维导图的法则（绘制思维导图的 10 个要点）。

空白纸做好横向定位。

在空白纸的中心画一个中心图像（中心概念）。

从中心展开不同级别的思维。

概念的关键词要大写。

每个关键字都应该有自己的"分支"。

思维的绘制记录应该像树枝伸展，流动并逐渐变细。

掌握好平衡树枝的长度。

尽量使用大量的颜色。

用箭头和线强调要点。

让思维导图最大化空白，干净清晰。

资源拓展 2：

思维导图软件

1. XMind。

网址：http：//xmind. cn/。

视频教程：http：//xmind. cn/video-guide/。

XMind 是一款实用的思维导图软件，简单易用，美观，功能强大，拥有高效的可视化思维模式，具备可扩展、跨平台、稳定性的性能，可以帮助学习者提高学习效率，进行有效沟通及协作。

2. 思维导图。

思维导图应用程序秉承极简设计的原则，没有烦琐的操作和复杂的界面。点击分支上的"＋"，即可向左右两边扩展分支。长按分支上的文本会弹出功能菜单，可以进行复制、剪切、删除、备注和标记等操作。

3. 幕布。

网址：https：//mubu. com/。

幕布是以层级折叠式文字整理内容的大纲文档工具，支持一键生成思维导图。

4. Process On。

网址：https：//www. processon. com/。

Process On 是一个在线作图平台，可以在线画流程图、思维导图等。

问题 6：课堂探究活动中记录与评价学生的工具 >>>>>>>

教学情境 1：

在期末，课堂上学生的表现总是缺乏积极性，以往鼓掌表扬、积分制等评价方式也提不起学生的热情了，这可让罗老师陷入了为难的境地。罗老师在办公室讲起了这个问题，李老师也说最近上课积极回答问题的学生少了。如何通过新颖的课堂评价来调动学生的积极性成了罗老师想解决的问题。好在她有很多教师微信群，她想多问问其他教师，看看有什么妙招。

解决办法：

罗老师把她的问题发在了好几个教师群里，很快她就收到了回复。某教师留言：罗老师，您可以试试微信小程序"电子奖状"。我试过，学生对电子奖状比实物更有兴趣。于是，罗老师在手机里简单操作了一下，感觉这个方法还不错，正好可以在明天的复习课上用到。

第二天一上课，罗老师就对学生说："孩子们，今天这节课我们的评比方式跟以前不一样，老师会根据你们的表现马上生成电子小奖状展示给你们看，课后我还会把小奖状发给你们的爸爸妈妈，让爸爸妈妈也知道你们的精彩表现。"学生一听，马上来了兴趣。平时的奖状都是纸质的，电子奖状是什么样的呢？课堂上，罗老师根据学生的表现生成了不同的电子奖状，方法如下。

1. 打开微信，搜索"电子奖状"，点开即可进入奖状模板页面(图 2-39)。

图 2-39 微信搜索"电子奖状"小程序

2. 为小组颁发奖状。选中所需要的模板"光荣榜"，点击进入，根据实际情况对奖状内容、学生姓名、颁奖人、颁发日期、印章进行修改，点击生成奖状，即完成奖状制作(图 2-40)。长按图片可保存至本地手机相册。

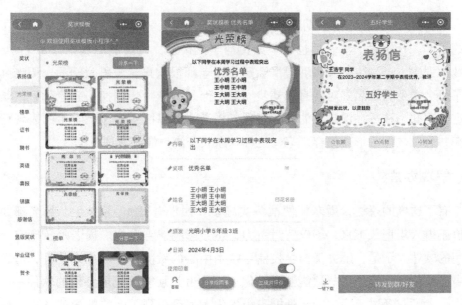

图 2-40 为小组制作奖状

3. 王浩宇同学在课堂上多次主动举手发言，罗老师为他颁发了奖状(图 2-41)。

图 2-41　为个人制作奖状

　　罗老师在课堂上为表现优异的学生颁发了电子奖状，并通过希沃授课助手将奖状展示给学生。这堂课因为运用了这种新颖的评价形式，学生们的课堂兴趣有了明显提升。课后，罗老师使用发给家长的功能，直接在微信上把电子奖状发给了受到表扬的学生的家长。家长收到后，既欣喜于孩子在课堂上的优秀表现，又为这种新颖的评价方式点了赞。

教学情境 2：

　　三(3)班是周老师这学期新接手的班级。在接班前周老师对全班学生做了深入的了解。开学后，周老师也是多方位与学生接触，希望能更快熟悉每名学生。在数学课堂上，学生们都表现得很活跃，周老师很欣喜。一段时间后，周老师记住了每名学生的姓名并对其有了初步印象。但是周老师想到换了新老师，家长们肯定很想知道孩子在课堂上的具体表现。周老师就想把每堂课上学生的表现记录下来并且以数据的形式保存下来，这样与家长交流也能够有理有据。

解决办法：

　　有了这样的想法，周老师便准备实施了。如果全班 40 名学生，每名都要有评价还得人工记录下来，不仅费时费力，还会影响课堂进度。周老师希望有一款好用的软件。于是，她去请教学校信息技术中心的教师。令她高兴的是，信息技术中心的黎老师提供了一款能够多元化点评学生并且能够记录评价的软件——班级优化大师。经过学习，周老师把班级优化大师运用到了她的数学课堂上。操作方法如下。

1. 在教室的一体机或白板上下载班级优化大师电脑端，可以通过百度搜索"希沃易＋"的网址(http：//e. seewo. com/)，在首页找到"班级优化大师"，点击"下载软件"即可。也可以直接点击下载网址(http：//care. seewo. com/pc/down-load)。

2. 登录账号(如果已经注册可直接登录)，有三种方式：扫码登录、账户登录、快联登录(图 2-42)。初次登录后完善身份信息。

图 2-42　登录账号

创建班级、添加学生、给学生分组、编辑学生信息等功能需要到网页端或手机端操作。这里以手机端为例进行说明。

3. 创建班级。选择微信登录(图 2-43)，登录后点击右上角的"＋"，在下拉菜单中选择"创建班级"，根据实际情况编辑学段、年级、班级昵称等信息，点击"创建"，即可成立新的班级。

图 2-43　创建班级

4. 添加学生。进入新创建的班级添加学生，共有三种添加方式，这里以手动输入为例，在文本框输入学生姓名，点击"添加"即可(图 2-44)。

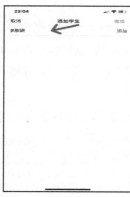

图 2-44　添加学生

5. 给学生分组。点击"添加分组"，自行设置组数，点击"开始分组"；在弹出的文本框中输入小组名称，在学生姓名前打钩选入该小组(图 2-45)。

图 2-45　学生分组

6.登录电脑端后，可以看到自己创建的班级。点击进入，即可开始点评学生（图2-46）。

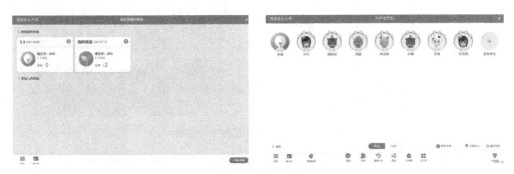

图 2-46　点评学生

如果要对单个学生进行点评，点击学生的头像，选择点评类型即可。如图2-47所示，点击张思晴头像，出现评语，选择举手答问，即记录一次。

图 2-47　对单个学生进行点评

评价有表扬和待改进两个选项，如图2-48所示。

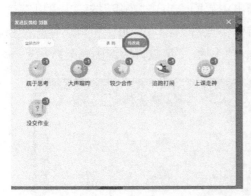

图 2-48　对单个学生进行消极点评

如果要对小组进行点评，点击页面下方的"小组"标签，选择某个小组，可以对小组内的成员进行点评(图2-49)，也可对全组进行点评(图2-50)。

图 2-49　选择小组成员进行点评

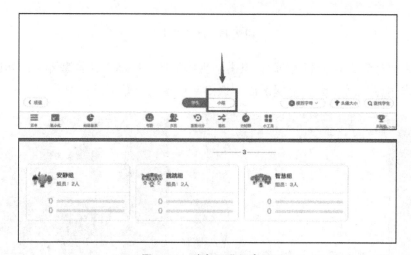

图 2-50　对全组进行点评

7. 在电脑端页面的右下方点击"光荣榜"，可以把名单列在显示屏上(图 2-51)。点击光荣榜上的姓名，可以直接对学生进行点评，在讲解课件时无须进行软件切换。点击"主界面"按钮，可以调出主界面。点击"小组"按钮，可以在个人和小组光荣榜之间切换。在不使用的时候，点击"最小化"按钮，可以将光荣榜隐藏成一个"小猴子"的图标(图 2-52)，点击"小猴子"可以再次调出光荣榜。

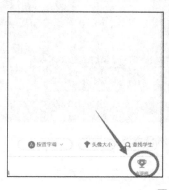

图 2-51　显示光荣榜

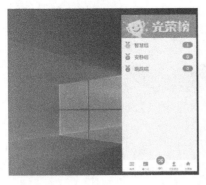

图 2-52　隐藏光荣榜

8. 下课后还可以点击页面左下角的"班级报表"按钮，师生共同查看本节课学生的表现情况（图 2-53）。

图 2-53　查看班级报表

周老师对班级优化大师这款软件很满意。有了数据的支持，周老师在与家长交流的过程中，能够精准地把学生的课堂表现量化展示给家长。一方面，家长体会到了周老师的用心和细致；另一方面，家长也能比较客观地了解孩子的学习情况。

极简技术视野下的课堂练习

问题1：课堂练习的多样性与趣味性提升 >>>>>>>

教学情境1：

在一年级上册的"整理房间"一课，学生第一次正式学习分类。杨老师上这节课的时候，在前面设计了丰富的活动，让学生了解了分类的必要性，通过对比让学生知道了分类给生活带来的便利。有了这些认知之后，杨老师还希望让学生对分类进行练习。如何设计一些有趣的练习成了她需要思考的问题。

解决办法：

通过多方查找资料，和同事们一起探讨，最后杨老师决定利用目前班级中已有的资源和平台，即希沃白板配套的课堂游戏功能来设计一些课堂练习，让学生利用和多媒体互动的方式来激发练习的兴趣。有了这样的思考后，最主要的就是如何设计这样的游戏了。首先要找到一些水果类的图片和一些其他类的图片，如蔬菜类、饮品类等。其他类图片的参与主要是为了起干扰作用，看学生能否快速反应，并做出正确的选择。

教学设计片段：

师：为了奖励大家刚才认真听讲了，老师想让你们一起来玩一个游戏。这个游戏的规则为：在30秒内，两人同时从快速出现的众多不同类的图片中找到水果类的图片，并点击，到时间后会显示大家找到的水果的个数，最后谁找到的水果多，谁就获胜。你们愿意参加吗？

生：愿意。

杨老师请多组学生来到白板前面进行游戏，没有上台的学生也在积极参与。

有了这样的课堂练习的设计，整个班级的学习氛围被推向了新的高潮。学生不但有兴趣，而且把水果类、蔬菜类和饮品类分得清清楚楚。

那么如何设计课堂练习中的分组竞争呢？请查看以下操作步骤。

1. 打开希沃白板 5，进入课件编辑界面，选择"课堂活动"（图 2-54）。无须在当前页设置活动背景，课堂活动有背景模板，编辑完成后会自动出现新界面。

图 2-54　选择"课堂活动"

2. 进入"课堂活动"，选择"分组竞争"（图 2-55）。系统有一些可供选择的模板，选中要使用的背景，然后点击右下角的"应用"。（模板在后续编辑中是可以修改的）

图 2-55　选择"分组竞争"

3. 在"互动主题"里写上"请点击水果类的图片"，在"正确项"里写上我们需要找到的各种水果，在"干扰项"里写上蔬菜类或饮品类的名称，在"游戏难度"中选择合适的游戏难度，系统会自动给出游戏时间，最后点击"完成"（图 2-56）。

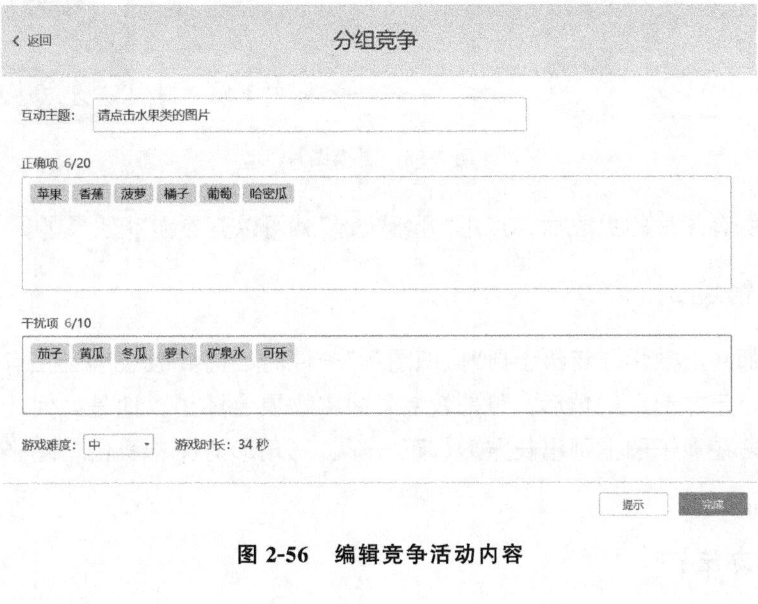

<table>
<tr><td>< 返回</td><td>分组竞争</td></tr>
</table>

互动主题：请点击水果类的图片

正确项 6/20

苹果　香蕉　菠萝　橘子　葡萄　哈密瓜

干扰项 6/10

茄子　黄瓜　冬瓜　萝卜　矿泉水　可乐

游戏难度：中　　游戏时长：34 秒

提示　完成

图 2-56　编辑竞争活动内容

4. 点击"完成"后会出示如图 2-57 所示的图片，但是由于一年级的学生有很多字不认识，因此我们直接拿这个让学生进行操作还不恰当，需要更换成图片。

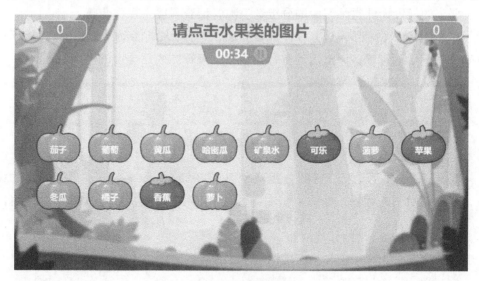

图 2-57 编辑完成

例如，把"茄子"的图片更换成实物茄子的图片。右键点击对应的图片，选择本地图片，就可以更换成自己准备的实物茄子的图片了，还可以选中上面的字体，设置成透明的颜色，就看不到"茄子"两个字了(图 2-58)。

图 2-58 更换图片

完成所有图片的更改后，点击"开始授课"就可以查看游戏效果了。

教学情境 2：

张老师在上数学一年级上册"认识图形"一课时，需要教会学生在点子图上画出长方形、正方形、三角形，可是教室里的实物展台坏了，他是如何让学生清晰直观地学习在点子图上画出长方形、正方形、三角形的呢？我们一起来看看他的解决办法。

解决办法：

张老师利用鸿合白板做了课件。涉及在点子图上画图形时，他在白板上画了四个点，然后利用白板的拖动克隆功能，制作了一幅点子图。为了不让点子图在画图的时候移动，可以利用白板中的锁定功能，把图片锁定，然后调用尺子来画图。这种解决办法不但可以让学生更直观地观察，而且可以边画边讲解，让学生更好地关注细节，还可以利用多屏互动的功能，把学生画的作品投到白板上，师生一起观察、对比，让更多的学生做到规范画图。

操作方法如下。

1. 打开鸿合白板软件。

2. 制作一幅点子图，可以利用拖动克隆的功能来制作，也可以截屏电子课本，再将图片插入白板页面。为了使用过程中图片不会移动，需要锁定制作的点子图。

3. 调用尺子进行画图(图 2-59)。

（请在点子图上画出一个长方形、一个正方形、一个三角形）

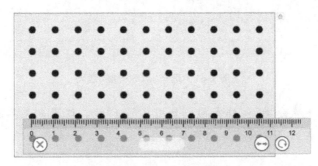

图 2-59 调用尺子进行画图

资源拓展：

用希沃白板 5 制作"趣味分类"活动的方法

在平常的教学中，教师可以用希沃白板的课堂活动中的"趣味分类"功能帮助学生更有兴趣地练习已学知识，在轻松的氛围中达到较好的学习效果。这里介绍一下"趣味分类"活动的制作方法。

1. 打开希沃白板 5，进入课件编辑界面。选择"课堂活动"（图 2-60）。无须在当前页设置活动背景，"课堂活动"有背景模板，制作好后会自动出现新界面。

图 2-60 选择"课堂活动"

2. 进入"课堂活动"，选择"趣味分类"。系统有一些可供选择的模板，选中要使用的背景，然后点击右下角的"应用"（图 2-61）。（模板在后续编辑中是可以修改的）

图 2-61　选择"趣味分类"活动

3. 进入"趣味分类"制作界面，如图 2-62 所示，这里分类只能分成 2 类，左侧和右侧的分类的名称及子类别需要填写。

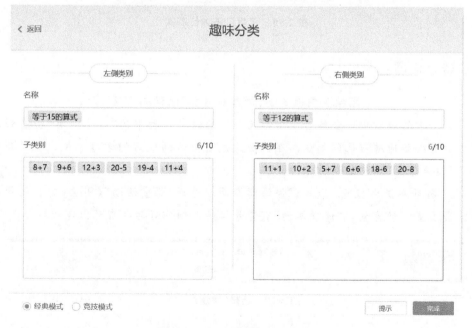

图 2-62　制作"趣味分类"题目

填写完毕后点击"完成"，就会出现如图 2-63 所示的课件样式。

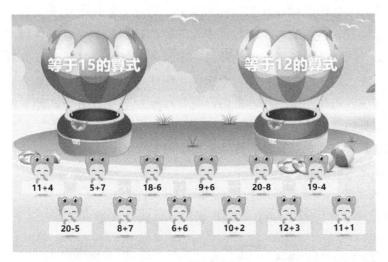

图 2-63　完成效果

4. 点击右下角的"开始授课"，就可以使用这一页课件了。学生可以用手指或者白板笔将算式放入对应的热气球里，非常方便。

问题 2：课堂实时评价数据的获取　>>>>>>>>

教学情境：

李老师在上数学课的时候，发现学生的听课状态不是很好，不是和同学悄悄说话，就是自己在课桌的抽屉里玩东西，总是不能将注意力集中到课堂学习上。李老师想通过一些有效的评价来激发学生的听课兴趣，提高课堂教学的质量。但是对于部分学生来说，口头的评价似乎对他们起不到什么作用。李老师想通过信息技术手段，将课堂上对学生的评价进行收集、记录，每节课进行一次汇总，一个星期或者一个月进行一次反馈，让学生有直观的感受，同时也能用数据说话，让每名学生都有机会查看自己的课堂表现，了解自己的优势和不足。

解决办法：

通过与同事相互讨论，李老师决定采用班级优化大师来实现他的想法。运用班级优化大师，教师可根据班级中存在的问题，自主编辑表扬与待改进类型。为创设课堂教学的有序氛围，在编辑表扬类型时，教师可以把课内外纪律纳入学生评价的量化范围，通过赋予不同分值(1~5 分)，确定班级发展的方向。在具体实施中，可以坚持表扬为主的原则。例如，把对学生的考核项目的表扬一栏设置为 10 个加分项目，待改进一栏设置为 5 个扣分项目。

有了前期的设置与使用讲解，学生在数学课堂上更积极主动了，纪律也更好了，生怕因为一些小问题而影响自己的积分。另外，班级优化大师还可以随机抽取学生回答问题，这就避免了教师在请人回答问题时的主观性，让更多的学生参与课堂活动。当然因为课堂问题的数量不多，不可能每名学生都有回答问题的机会，但是学生可以通过认真听课、遵守课堂纪律等方式来为自己积分。李老师在使用的过程中，每周还根据积分的情况有针对性地与家长进行沟通。有了数据的支撑，和家长的交流也更具体了。家长能了解到孩子具体在哪些方面还需要改进，在家庭教育方面也更有针对性了。

班级优化大师的操作步骤如下。

1. 在班级的白板上下载班级优化大师 App 并安装。

2. 点开班级优化大师，点"创建班级"，添加学生(图 2-64)。

图 2-64　创建班级并添加学生

3. 添加学生完毕后，可以对编辑表扬或者待改进的项目选择分数显示的模式，根据班级的实际情况设置项目，选择评价的分数(图 2-65)。

图 2-65　分数显示的评价项目

4. 项目设置完成后，就可以在课堂上使用了。在课堂上使用的时候，除了可以进行实时评价和评价数据的收集外，还可以以课堂随机抽奖的形式点评学生（图 2-66）。

图 2-66　随机抽奖

问题 3：错题的诊断与收集 >>>>>>>

教学情境：

在日常教学中，教师几乎每天都会面临批改学生作业的情况，而且很多时候都是手工批改，在批改的过程中去感知哪些题型错得较多，然后进行集体讲解与辅导。为了更好地了解学生的情况，有针对性地进行辅导，教师在学生进行练习的时候可以借助一些工具，这样可以更好地、更系统地收集学生的错题，并对错题进行诊断。陈老师在进行教学时，很想借助一些工具了解学生对于知识的掌握情况，以便更有针对性地帮助学生。那么怎么才可以及时掌握学生的情况呢？

解决办法：

解决办法 1：使用爱作业 App。

面对单纯的计算题，可以直接用爱作业 App 来扫描批改，这样可以节约大量的时间，一页作业只需要花费几秒就可以批改完成；还可以收集并整理学生的错题，最终形成错题库。另外，对于填空、判断、选择等题型，爱作业 App 也是可以进行批改的，而且批改之后还可以显示后台数据，如哪些题型是容易出错的，出错的频次都可以显示出来；还可以重新组卷，变成一套新的练习题。

解决办法 2：借助小勾学习圈 App。

小勾学习圈 App 可以帮助教师解决作业设计、作业批改、作业诊断、作业收集等问题。例如，在作业设计方面，App 里面有很多练习题，教师可以根据不同的学生进行分层布置。下面以三年级上册"过河"第 2 课时为例，介绍具体的操作步骤。

1. 在 App 上找到"过河"第 2 课时的相关练习(图 2-67)。

图 2-67　找到相关练习

2. 查看相关练习，如果对其中的练习不满意，可以选择重新组卷(图 2-68)。选择好相关练习后可以将此次练习布置给学生(如果学生不想在手机和电脑上完成，可以选择打印功能，得到纸质的作业。但是如果学生完成的是纸质的作业的话，那么教师就不能借助 App 收集学生作业的数据信息了)。

图 2-68　编辑练习题

3. 学生完成作业后，教师打开 App，就可以查看作业报告了(图 2-69)。

图 2-69　查看作业报告

4. 点开其中的任意一项，查看班级学生首次做和改错后的正确率，可以清晰地看到关于错题的分析，还可以针对错题布置练习(图 2-70)。

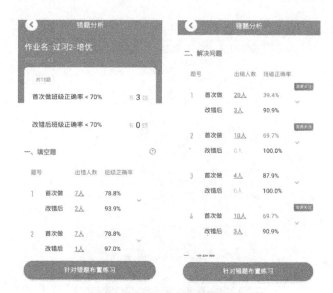

图 2-70　针对错题布置练习

5.看了整体情况之后，还可以点开考点分析，查看学生对于每一个考点的练习情况的相关数据，同时也可以查看每个学生的学习报告(图 2-71)。

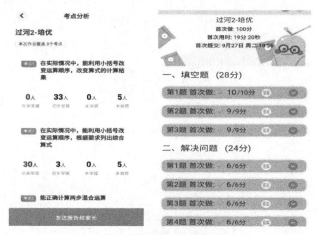

图 2-71　查看学生学习报告

资源拓展：

电子错题集的制作

学习有所进步的唯一方法就是打败错题。学生进入小学四年级后，学习成绩开始分化，学习强度开始增加；进入初中后，由于功课增多，学习成绩全面分化；进入高中后，学习难度开始增加。如果学习效率没有提高，学生很难取得好成绩，而且一般的高中教师都会要求学生建立错题本。

笔者曾做过调研，20％的学生从小学开始整理错题本，32％的学生从初中开始整理错题本，48％的学生从高中开始整理错题本。越来越多的学生意识到了错题本的重要性，但是为什么还是无法坚持整理错题本呢？归根结底是因为整理错题本需要消耗大量的时间。现在我们就来学习如何制作电子错题集，节省学生时间。

操作步骤如下：

1. 用微信扫一扫，打开小程序"拍照识图王"（图 2-72）。

（微信扫一扫即可进入小程序体验）

图 2-72　微信小程序码

2. 点击"错题集"（图 2-73）。

图 2-73　点击"错题集"

3. 点击"我要识别"，如识别一道算错的加法算式，如图 2-74 所示，将识别的结果添加为错题，就自动到错题集中去了。

图 2-74　成果识别错题

添加错题后的显示结果如图 2-75 所示。

图 2-75　自动添加到错题集中

师生不仅可以扫描错题，对于整篇文章也可以使用手机拍照扫描，将其识别成文字。

拍照识别文字这项技术是借助于这几年人工智能技术的发展而发展的，目前图片的自动识别已经非常容易了，通过拍照就可以将纸质资料中的文字变成电子文档中的文字。

使用手机拍照，通过软件就可以自动识别出所拍图片中的文字。随着人工智能技术的发展，机器人自动识别的准确度已经超过 97％了。

下面这个就是可以用来拍照识别的应用程序，界面如图 2-76 所示，功能很多，各种内容都可以识别。在结果被识别出来以后，可以点击全部复制，将识别的结果复制发送给微信好友，或者点击发送到电脑。

也可以采用文字识别的方式，识别后复制内容，发送到电脑，再在电脑上进行题目的整理，最终形成电子错题集。

步骤如下：

打开微信小程序"拍照识图王"，先点击"文字识别"，进入"我要识别"，拍照完成后就自动识别出文字，再根据实际的需要进行修改和调整。这种方法对于一些文字类的题目很适用，可以快速进行整理。

图 2-76　文字识别错题

第四节

极简技术视野下的课堂小结

课堂小结是小学数学课堂教学中的重要环节，可以对教学内容进行梳理，还可以促进知识的拓展、延伸和迁移，做好衔接过渡。

问题 1：快速梳理本课内容 >>>>>>>

教学情境：

梅老师在一所智慧学校任教，学校很重视对学生信息素养的培养。梅老师担任小学四年级的数学教学工作。她在听课中发现教师们对课堂小结不够重视，有的教师进行课堂小结的形式单一，还有的教师常常忽略课堂小结这个环节。本学期梅老师的研究课题是"三角形的分类"，她希望自己的课堂小结不是一种形式，而是能够让学生真正经历自主梳理的过程，尝试把零散的知识贯穿起来，形成知识结构。梅老师在平时就注意培养本班学生画思维导图的能力，她希望学生在课堂小结中能够使用思维导图来表示三角形分类的结果，并能分享思维导图。用什么方式可以实现这一目标呢？梅老师陷入了沉思。

解决办法：

解决办法 1：利用纸笔绘图＋实物展台。

所需工具：教室里须有实物展台，学生无须进行特别的准备，用传统的纸笔就可以。

具体操作如下。

学生用笔在纸上绘制思维导图，然后在小组内交流，并进行修改。教师巡视，选择 3～4 份有代表性的作品依次放到实物展台上，全班进行交流。

优点：对学习工具要求不高，个人创作只需要传统的纸笔就能完成，实物展台也是各班都有的设备。

缺点：在纸上画思维导图不方便共享，仅能让就近的几名学生进行交流。全班学生能看到的样本有限，全班交流的作品依赖于教师的选择，学生主体性体现不够，教师想要同时摆放多个样本比较费时费力。

解决办法 2：利用纸笔绘图＋希沃授课助手。

需要工具：教师手机(或平板电脑)与一体机上均须安装希沃授课助手，教室里需要接通网络，手机与一体机连接同一网络。

具体操作如下。

教师选择学生作品时，先拍照，再用希沃授课助手将作品上传到一体机上。

优点：与实物展台相比，全班资源共享的质量与效率有所提高。一是教师拍照展示的部分更聚焦，不受其他内容的干扰；二是屏幕上能同时展示几名学生的作品；三是学生不需要走到讲台上展示作品，在教室的任何一个位置上都可以实现作品共享。

缺点：全班学生能看到的样本有限，全班交流的作品依赖于教师的选择，学生主体性体现不够的情况依然存在。

解决办法 3：利用思维导图应用程序＋交流平台。

需要工具：每名学生有一对一的平板电脑，下载思维导图、超星学习通，一体机、平板电脑都连接互联网。

具体操作如下。

学生利用思维导图应用程序，在平板电脑上绘制思维导图。

学生将思维导图提交到超星学习通平台。

学生之间相互浏览点赞。

获得点赞数最多的学生分享自己的作品，其他学生进行评价和补充。

优点：思维导图应用程序提供了导图模板，学生制图很方便。如果安装了讯飞输入法，学生还可以用语音录入。学生作品上传至超星学习通之后，全班学生都可以看到，方便学生进行交流比较和深度思考，有助于提升学生应用技术的能力。

缺点：对学习环境和工具的智能化程度要求更高。

资源拓展 1：

见第一章第三节的问题 3 中解决办法。

资源拓展 2：

见第二章第二节的问题 6 中资源拓展 2。

资源拓展 3：

讯飞输入法简介

讯飞输入法（原讯飞语音输入法）是由科大讯飞推出的一款输入软件，集语音、手写、拼音、笔画、双拼等多种输入方式于一体，可以在同一界面实现多种输入方式平滑切换，符合用户使用习惯，大大提升了输入速度。此外，该软件创新推出了"蜂巢"输入模型，支持拼音、手写、语音"云＋端"立体输入引擎。

问题 2：快速回顾本课核心 >>>>>>>>

教学情境：

五年级的贺老师准备执教"确定位置"这一课。确定位置在生活中有着广泛的应用。学生在四年级已经会用数对表示点在方格线上的位置了，本课的学习内容是在平面上根据方向和距离确定位置，两者的共同点是在平面上确定位置都需要两个要素。贺老师希望在课堂小结时用一段简短的微课穿针引线，既能引起学生对以前知识的回忆，加深学生对本课内容的理解，引发学生对今后学习内容的思考，帮助学生建立起认知结构，又能让学生感受到数学与生活的密切联系，激发学生学习的兴趣。可是，这段微课从何而来呢？

解决办法

解决办法 1：自己录制微课。

需要工具：PPT、录屏软件(EV 录屏)、视频剪辑软件(QQ 影音)。

具体操作如下。

1. 设计制作 PPT。

2. 播放 PPT，同时录制视频。EV 录屏有暂停功能，如果一下子卡住了，按暂停键，再接着录。中途出错没有关系，停顿一下继续录，出错的部分可以通过剪辑来处理。

3. 视频编辑。

优点：自己录制最大的好处就是可以完全按照自己的想法进行制作，技术难度不大。

缺点：花费的时间和精力较多，不一定能达到自己想要的效果。

解决办法 2：从 QQ 作业中选择微课。

QQ 作业中的微课内容全面、短小，与教材内容相契合，可以从中选择需要的资源(图 2-77、图 2-78)。

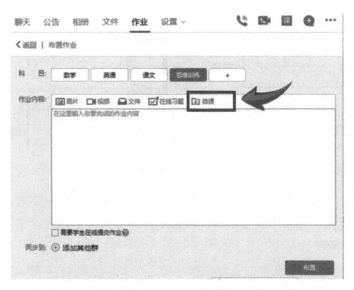

图 2-77　选择作业中的"微课"

图 2-78　选择学科及知识点

解决办法 3：搜索需要的视频。

需要工具：搜索引擎、录屏软件。

具体操作如下。

1. 确定关键词，关键词越准确，搜索内容越聚焦。例如，贺老师在搜索栏输入"平面上确定位置"，浏览发现其中两个视频与自己期望的效果比较接近(图 2-79)。第一，视频内容与教学内容相契合。第二，这两个视频都比较小，适合在一节课结束时作为小结。

图 2-79　利用关键词搜索视频

2. 试看、选择。对初步满足要求的视频进行观看、比较与筛选。

3. 下载视频。如果可以直接下载就直接下载；如果不能直接下载，也可以用录屏软件进行录制。

解决办法 4：修改视频。

需要工具：视频剪辑软件(QQ 影音)。

例如，贺老师选择了一个 4 分 28 秒的视频，这个视频内容全面，而且设计幽默有趣。但对于课堂小结而言，这个视频略长了一点，所以贺老师打算对其进行修改。

具体操作如下。

1. 截取视频。把视频中需要保留的部分一段一段地截取出来。

2. 合并视频。将截取的视频按顺序合并成一个视频。

资源拓展 1：

EV 录屏软件简介

EV 录屏软件是一款非常好用的桌面视频录制软件，可以帮助用户轻松录制电脑屏幕，并且免费，无水印。

功能介绍：

支持添加"文字水印"和"图片水印"；

支持"录制存盘"和"本地直播"；

支持"定时录制"，能够设置单次录制时长，也可以设定某一次录制开始的时间；

支持"一键启动流媒体服务器"，让您在会议室或课堂、机房能快速分享桌面，观众只需要点击链接或是扫描二维码即可观看；

支持"麦克风""仅系统音"等多种音频录制；

支持桌面"任意选区"录制与"全屏"录制；

支持嵌入摄像头，可开启悬浮；

可以在软件上直播，实现同时多路推流；

支持"场景编辑";

支持"分屏录制",能够同时录到图片、摄像头、桌面;

支持"桌面画板"功能。

使用方法:

打开软件,根据需求选择音频与视频录制选项;

点击"开始录制";

结束录制,在列表里查看视频。

资源拓展 2:

QQ 影音视频剪辑软件简介

QQ 影音是由腾讯推出的一款支持任何格式的影片和音乐文件的本地播放器,首创轻量级多播放内核技术,深入挖掘和发挥了新一代显卡的硬件加速能力,追求更小、更快、更流畅的视听享受。

实用小工具:在畅享影音的同时可以利用视频截图、剧情连拍、视频截取和 GIF 截取功能将精彩片段截取出来独立保存;不仅如此,音视频转码、压缩、合并都是 QQ 影音的方便之处。

问题 3:作业布置与外延学习支持 >>>>>>>

教学情境:

刘老师在教学中发现,不同的学生在课堂上获得的学业成长是不同的。一堂课学完,优秀的学生学有余力,更高难度的挑战可能会激起他们不断进取的热情;但对于基础薄弱或理解能力弱的学生而言,这堂课当中还有一些未解之谜。刘老师希望自己的教学能为学生课后的自主学习提供支持与帮助。她想,如果布置作业时,能提供符合学生需求的微课资源就好了。

说到布置作业,刘老师不仅会布置书面作业,根据教学需要,她常常还会安排一些说理练习、动手操作练习等。书面作业可以收起来批改和检查,但是操作性作业的收集与检查就不太方便了。应该怎么办呢?

解决办法:

解决办法 1:使用班级 QQ 群作业功能。

1. 教师布置作业。

2. 学生提交作业。

3. 教师批改作业。

4. 教师查看学情反馈。

扫一扫，观看详细操作
见 2-3 视频

优点：**QQ** 群作业操作简单，能有效帮助教师进行作业的收集与管理，同时支持多种形式作业的上传与存储，教师对学生进行作业指导可以不受时间与空间限制，有效地提高了作业批改与管理效率。

缺点：教师与学生之间的交互比较方便，学生和学生之间的交互受限。

解决办法 2：使用超星学习通的小组功能。

1. 教师登录超星学习通。教师下载超星学习通应用程序后，按照学校提供的教师账号登录即可。若教师无超星学习通账号，先选择新用户注册，用自己的手机号实名注册账号(图 2-80)。

图 2-80 注册或登录

2. 学生登录超星学习通。学生下载超星学习通应用程序后，按照学校提供的学生账号与操作手册登录即可。若学生无超星学习通账号，先选择新用户注册，用家长的手机号与自己的姓名实名注册账号。

3. 学习小组应用说明。教师通过超星学习通的"小组"功能自建数学小组。在学习小组内，教师可根据教学需求，以单元、日期或学生为单位，创建对应文件夹进行作业收集与记录。教师在空间内上传知识点微课，便于学生自主学习；学生在空间内上传视频作业(支持录制直播视频，不占用家长手机内存)，便于记录学习过程。

4. 教师操作说明。登录超星学习通后，在"我"的页面点击"小组"，进入小组后，点击小组右上角的"＋"，新建小组，建立自己班级的自定义学习小组。

学习小组建立后，点击小组页面右上角的"笔记"，发布小组学习规则，发布话题后可长按置顶或加精。点击"话题管理"，可根据自己的需求建立不同类型的文件夹，以便收集学生作业(图 2-81)。

图 2-81　新建与管理小组

以上学习小组基础建设完成后，点击"小组管理"，在小组设置中开启小组邀请码。学生登录超星学习通后，根据教师提供的学习小组邀请码加入小组，即可参与小组学习，在对应文件夹内提交自己的作业(图 2-82)。

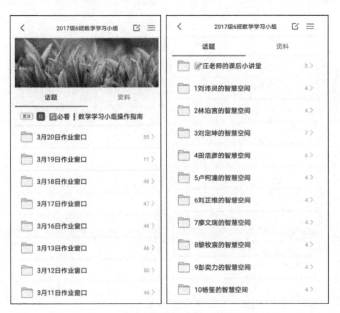

图 2-82　班级学习小组与个人学习空间

优点：方便建立以主题为中心的学习资源库。小组可以围绕一个主题，用文字、图像、音频、视频等多种形式表达各自主张。一个主题文件夹内容稳定，不会被其他内容覆盖，有利于学生之间的多元互动、互相促进和学习。

缺点：缺少统计功能，不利于教师进行班级作业管理。

资源拓展：

乐乐课堂简介

乐乐课堂是中小学互联网个性化学习平台，旗下产品有乐乐轻课、天天练、乐学堂，围绕学生端、教师端、教培机构端打造教学及学习全场景产品矩阵和创新模式。

第五节

极简技术视野下的翻转课堂课前学习

问题 1：翻转课堂中前置任务的布置与提交 >>>>>>>

教学情境：

为了培养学生的自主学习能力，吴老师打算尝试运用翻转课堂教学。如果采用翻转课堂的教学方式，吴老师必须提前给学生布置前置任务，并给学生预留自主学习与完成前置任务的时间。吴老师先用发放任务单并收回批阅的方式进行尝试，但他很快发现了这样操作的弊端。一是操作周期太长，经常使用会造成与实际教学进度不契合的问题。二是根据教学目标、教学内容的不同，翻转课堂的前置任务也各不相同，文字、图片、视频等形式都有可能用到，学生需要提交的作品形式也多种多样。如果只用纸质材料，是不能完成教学任务的。基于以上问题，吴老师急切希望找到一种技术手段帮自己高效解决"翻转课堂前置任务的布置和学生作品提交"的问题。

解决办法：

解决办法 1：使用班级 QQ 群作业功能(本章第四节问题 3 已介绍)。

QQ 群作业功能很强大，不仅支持文字、图片、视频等多种形式的作业布置，而且支持多种形式的作业提交，同时还自带多学科微课资源库，加上"背靠"班级 QQ 群，教师无须对家长和学生进行培训，也不需要下载和安装新软件，非常方便。

解决办法 2：超星学习通学习小组(本章第四节问题 3 中已介绍)。

1. 教师登录超星学习通(本章第四节问题 3 中已介绍)。

2. 新建课程。

登录超星学习通后，在"我"的页面点击"课程"。进入课程后，点击右上角的

"＋"，新建课程。教师可以自定义课程，也可以直接使用系统提供的示范教学包新建课程。示范教学包提供了不同学段、不同学科、不同版本教材系统的教学资源，包括教案、课件、微课、活动、练习等，教师可以在此基础上进行增加、删减、修改等。如果教师选择自定义建课，则需要自己上传所有的教学素材。章节功能将课程内所有内容进行结构化整合，使之系统有序(图 2-83)。

图 2-83　新建课程

3. 布置任务。

教师根据教学需要布置前置学习任务，可以利用"作业功能"，也可以在章节相应课时中发起讨论、测验、观看视频、阅读材料等活动。作业要求可以是文字、图片、音频、视频的形式，可以是主观题，也可以是客观题，客观题可以设置系统自动批阅。

4. 提交作品。

教师发布任务后，学生端立刻会接收到任务。学生完成任务后，只需在相应任务窗口提交自己的作品即可。作品的形式多样，无论是文字、图片还是音频、视频等，均可以提交和播放。文件较大时，可以先上传至个人云盘，再从个人云盘提交，不会卡顿。系统能统计学生提交作业的情况，教师端可以批阅学生作品并进行评价反馈(图 2-84)。

优点：超星学习通课程平台不仅可以系统储存课程学习内容，还能灵活组织教学资源，有效支持学生自主学习，突破课程教学的时空限制，提供多元的学习和展示空间，同时记录学生的学习过程和在线互动情况，帮助教师准确掌握学情，有针对性地进行教学设计，提升翻转课堂质量。

缺点：学习材料以输出性的文字、图片、音频、视频为主，缺少智能互动性的资源。

图 2-84　课程功能

解决办法 3：问卷网。

问卷网使用方式很灵活，教师只要分享链接或二维码，学生很方便就能找到任务。用问卷网设计可以最大化地发挥教师的主导性，有利于教师围绕教学目标设计问题，其中可以嵌入文字、图形、视频等文件，一边为学生提供所需的资源，一边收集学生的作品，使学生在课前阶段能做到学练结合。

1. 通过搜索引擎打开问卷网官网（图 2-85）。

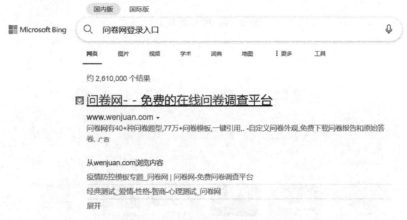

图 2-85　通过搜索引擎检索问卷网

2. 建立新项目。在"我的项目"页面，根据需要点击新建项目（图 2-86）。打开页面后，选择项目创建类型。每种类型下面有多种模板可供选择。引入模板，可以在已有基础上进行个性化修改，生成教师需要的问卷（图 2-87）。

图 2-86　建立新项目

图 2-87　编辑项目

3. 发布项目。选择编辑好的项目，点击"发布"(图 2-88)，然后复制链接或生成二维码(图 2-89)，通过社交平台发布。

图 2-88　点击"发布"

图 2-89　通过链接或二维码分享发布

4. 学生完成任务并提交。

问题 2：翻转课堂中的课前学习情况诊断 >>>>>>>

教学情境：

使用技术支持前置任务的布置后，吴老师感到前置任务的布置更方便了，他也可以及时了解学生的课前学习状况了。但是在实施翻转课堂的过程中，他发现自己的工作量增大了，常常感到时间不够用。他分析主要原因在于，与传统课堂相比较，翻转课堂需要为学生的课前学习提供支持，为学生准备各种学习资源，同时还要对学生的课前学习状况进行分析诊断，及时发现问题，调整教学设计，以使课堂教学更有针对性。这样做虽然能提高课堂教学的有效性，但是占用教师的时间、精力过多，既不可能形成长效机制，也不利于师生创造性的发挥。那么在这些工作中，哪些是教师必须亲力亲为的，哪些是可以借助技术来实现的呢？吴老师想，教学设计是教学工作中较具创造性的部分，教师必须亲力亲为，精心设计；课前学习效果诊断是可以用技术完成一部分工作的。吴老师希望能够用技术进行学情分析，减轻自己的工作负担，提升备课质量，从而不断优化教学设计。那么，有哪些具体做法呢？

解决办法：

解决办法 1：班级 QQ 群作业反馈功能。

大部分的前置任务吴老师都是通过 QQ 群作业布置的，QQ 群作业当中的在线习题和乐乐课堂微课配套的习题可以实现系统批阅，并将批阅信息及时反馈给师生。

解决办法 2：超星学习通课程平台统计功能(本节问题 1 中已介绍)。

超星学习通课程平台提供多种任务发布方式，对于不同形式的活动，作品收集与统计的方式也不同。问卷可以对客观题进行数据统计，主观意见可以导出为 EXCEL 表格。讨论活动的回复以帖子的形式呈现，支持生生互动与师生互动，但不能统计每名学生是否发帖及发帖次数。对于测试与作业，学生之间不能相互查看，系统会统计完成学生的人数、姓名、提交时间。客观题系统可自动批阅，主观题需教师批阅。平台统计功能会统计学生完成任务的数量、时间、效果等(图 2-90)。

图 2-90　学习通课程平台统计学情

解决办法 3：问卷星数据统计与分析功能。

统计与分析数据是问卷星最擅长的。它会用统计图和数据直观准确地呈现出学生完成任务的不同情况，为教师提供参考。教师只需在学生完成问卷后，点击选定项目的数据一栏，就可以查看相关数据了。教师既可以查看每一名学生的任务完成情况，又可以看到生成的相关数据(图 2-91)。

图 2-91　问卷星数据统计

问卷星应用面广，灵活方便，但是每张问卷都是单独发放，不容易形成系统资源。

第三章
教学评价与管理

　　本章主要呈现在小学数学教学评价与管理活动中，如何有效应用极简教育技术完成教学组织活动。主要内容包括如何评价小组合作的学习效果、如何帮助教师构建数学试题库、如何呈现课堂生成的学习成果和教学材料、如何提示教学环节的时间、如何记录与反馈学生的课堂行为、如何调动学生的课堂活动参与度、如何帮助学生进行思维成果的整理、如何及时了解学生真实的情感体验等真实问题或情境展开讨论，尝试提供可参考的解决办法。

第一节

课堂评价的极简技术支持

问题1：小组合作学习效果的评价 >>>>>>>

教学情境：

在数学课"三角形的内角和"上，学生独立思考并交流和验证了计算三角形内角和的方法，如剪接、测量。一名学生提出了把一个长方形沿对角线对折成两个三角形，因为长方形的内角和是 360°，所以三角形的内角和是 180°的方法。李老师评价："你的方法与别人的不一样，很独特，说明你是个善于思考的孩子，这种方法确实能验证每个折成的三角形的内角和是 180°。"后来，一名学生举起了手说："他的方法只能验证直角三角形的内角和是 180°。"李老师捕捉到了促进学生合作学习的契机，随即问："那么用他的思路怎么去验证任意三角形的内角和也是 180°呢？可以在小组内讨论、验证。"学生开始思考、合作、操作，发现用任意的四边形都能折出两个任意的三角形，总结出了任意三角形的内角和都是 180°的结论。如何对小组合作的学习效果进行自评和他评呢？教师如何在小组合作的过程中对学生的学习效果进行及时反馈呢？

解决办法：

解决办法1：用问卷星实现小组合作学习中的自评和他评。

1. 问卷星是一个专业的在线问卷收集平台，可帮助我们高效地设计自评表、他评表等。首先，打开问卷星平台首页 https：//www. wjx. cn/，然后进入管理后台。点击"创建问卷"，进入问卷类型选择界面，选择"调查"(图 3-1)。

图 3-1 选择"调查"类型

2. 输入问卷名称后即可创建，如图 3-2 所示。

图 3-2 输入问卷名称

3. 在之前操作的基础上，选择"评分题"中的"矩阵量表"，制作"自我评价表"。学生可填写学习过程自我评价表，总结、反思自己的学习过程。进入量表编辑页面后(图 3-3)，即可开始编辑，完成后如图 3-4 所示。

图 3-3　编辑量表

* 1.　自我评价表

	差	中	良	优
分值	1	2	3	4
1.我们在每次活动前都能有明确的任务分工。	○	○	○	○
2.我能积极主动地发表自己的意见和建议。	○	○	○	○
3.我能按时参加每次的小组集体行动。	○	○	○	○
4.当我的建议不能得到大家响应时，我能努力解释，直到大家理解支持。	○	○	○	○
5.我能按时完成组内安排给我的任务。	○	○	○	○
6.我十分乐意接受其他同学的建议。	○	○	○	○
7.我希望能继续和组内同学合作完成其他任务。	○	○	○	○

图 3-4　自我评价表

4. 完成问卷制作后点击"完成编辑"，然后点击"发布此问卷"，即可将问卷链接与二维码分享给学生(图 3-5)。

图 3-5　链接与二维码

5. 他评表的制作与自评表类似。

解决办法 2：用问卷星进行随堂测试。

课堂教学中难免要对小组的学习效果进行测试，基本的操作与自评表相差不大，下面主要从选择问卷类型说起。创建"考试"类型的问卷(图 3-6)。"考试"问卷的题目类型多，相比"调查"问卷，给出了考试中的题型分类，并增加了手写题型。问卷星平台自带大量模板，如"考试"问卷可以通过模板快速创建(图 3-7)。

图 3-6 创建"考试"问卷

图 3-7 通过模板快速创建

解决办法 3：用班级优化大师对小组或成员进行评价。

通过对学习进行过程性评价并记录，学生可以获得及时的反馈。该软件可在网页端、电脑端、手机端运行，操作方法一样。这里只介绍电脑端（交互式一体机）的使用方法，其他方法可参见 https：//care.seewo.com/app/activity/guide/。

1. 下载并安装班级优化大师，打开班级优化大师并登录。进入班级管理界面，选择需管理的班级（图 3-8）。

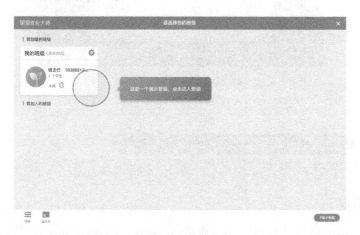

图 3-8　选择班级

2. 授课过程中，需要对小组进行评价时，点击界面下方的"小组"标签，选择对应小组，根据已设置的点评类型进行评价即可。若需要对小组成员进行点评，点击对应学生的头像，选择对应点评类型即可（图 3-9、图 3-10）。该软件也可在手机上同步操作。

图 3-9　对指定学生发送点评

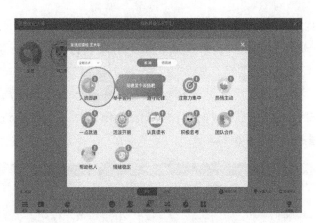

图 3-10　选择点评类型

教学情境：

讲完"三角形的内角和"后，李老师立马着手编辑期末测试卷。整理了学生本学期的单元测试卷和平时作业的典型问题后，根据对学生学习情况的把握，李老师在电脑上飞快地编写着测验题目。他想，有没有一个平台能够帮助自己高效组卷，并且能够记录每次选择的题目，形成自己的个性题库呢？

解决办法：

解决办法 1：利用菁优网实现高效组卷。

1. 打开网址（http：//www.jyeoo.com/），登录后点击"组卷中心"，然后进入组卷界面（图 3-11）。

图 3-11　组卷界面

2. 根据所教的学科、年级、教材版本等信息选择章节，然后筛选试题，再加入组卷。"章节挑题"适合教师日常组卷时使用。

3. 教师还可以在完成上述操作后选择"知识点挑题"进行组卷(图 3-12)。"知识点挑题"支持考点单选、考点多选(多考点交集、并集)等，能满足更多需要，适合教师在掌握学情的情况下精准教学。

图 3-12　点击知识点挑题组卷

解决办法 2：利用菁优网形成教师个性化题库。

1. 平行组卷。教师选择已有的试卷，然后选择"平行组卷"(图 3-13)，就会快速生成一套与之前试卷知识点相同、难度相近的平行卷。该方式便于教师做同层次的训练。

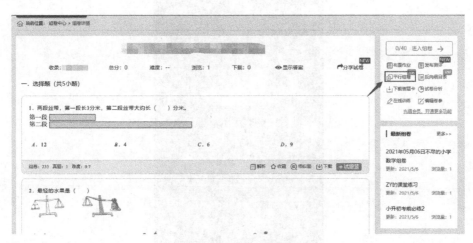

图 3-13　点击"平行组卷"

2．反向细目表组卷。在原有试卷的基础上，选择"反向细目表组卷"。菁优网根据教师制定的各项参数，从大数据题库中生成一份有针对性的试卷。

3．智能组卷。教师可在章节和知识点的分类下，直接确定题型、题量、题类、难度、来源等，由系统自动生成一份试卷。

4．错题组卷。教师在条件允许的情况下也可通过绑定学生关系，收集学生错题并进行分析，整理成卷(图 3-14)。

图 3-14　错题组卷

5．菁优网拍搜。通过关注菁优网公众号，选择"菁优网拍搜"(图 3-15)，拍搜试题，匹配到题库中的试题后直接加入组卷。拍搜组卷便于教师及时记录好题，加快组卷进度。

图 3-15　菁优网公众号拍搜功能

问题 3：课堂生成的学习成果和教学材料的呈现　>>>>>>>

教学情境：

李老师通过深入研究教材和教参，认真分析学情，充分考虑教学环节，呈现了一节研究课——"梯形的面积"。在课堂教学过程中，李老师首先带领学生复习了长方形、正方形、平行四边形、三角形的面积的推导过程，然后提出了一个开放性问题："同学们打算如何推导梯形的面积呢？"学生进行独立思考后，进行了小组讨论，选取了不同的方法对梯形的面积进行探索。主要方法如下：直观，用数方格的方法；迁移，参考三角形面积的推导方法，把两个完全相同的梯形拼成平行四边形，根据平行四边形的面积推导出梯形的面积；切割，连接梯形对角线，将梯形切割为两个三角形，梯形的面积等于两个三角形面积之和；割补，连接梯形上底一个顶点和另外一条腰的中点，将上底所在的三角形翻转下来，和下底所在的三角形拼成一个大三角形，梯形的面积等于大三角形的面积；对折，将梯形上下对折，使上下两条底互相重合，再将左右两个三角形对折，使梯形变成一个小的长方形，梯形的面积是小的长方形面积的二倍。相对于数方格和迁移这两种基本方法，李老师对学生探究出的切割、割补、对折的方法感到意外、惊喜。对于这样的生成性学习成果，李老师应该如何在课堂上即时呈现呢？课后，李老师和数学教研组的教师展开了充分的学习和讨论。

解决办法：

解决办法 1：使用希沃授课助手即时呈现学生课堂生成的学习成果。

在一体机与手机上分别安装好希沃授课助手，电脑端下载网址为 https：//e. seewo. com/product/SeewoLink，手机端可以直接搜索下载。新手使用可参见 ht-tps：//e. seewo. com/product/SeewoLinkFAQ。点击手机端的"移动展台"（图 3-16），选择直播或照片上传即可即时呈现课堂上学生操作与生成的学习成果（图 3-17）。

图 3-16　移动展台选择界面　　图 3-17　直播或照片上传选择界面

解决办法 2：使用实物投影仪。

实物投影仪是学校里的常见设备，能将指定范围内的影像实时呈现在所连接的一体机(或投影仪)上，含有线连接、无线连接两种；配合软件，部分设备还可以进行批注。教师可以利用其展示实物、示范操作、直播学生活动或呈现学习成果等。

注意：实物投影仪体积稍大，灵活性偏差，有线实物投影仪的呈现效果更稳定，无线设备的呈现效果受网络环境的影响。教师可根据实际情况选择合适的呈现方式。

第二节

课堂管理的极简技术支持

问题1：教学环节的时间提示 >>>>>>>>

教学情境：

王老师是一位非常喜欢钻研数学课堂教学的年轻老师。她发现即使课前做了充分的准备，也会出现教学任务未完成的情况。她尝试减少课堂教学任务，然而课堂教学任务完成了，但教学进度却受到了影响。如何利用技术管理好课堂时间，把握好课堂节奏，实现高效数学课堂？她向数学名师工作室的教师请教。

解决办法：

解决办法1：用极简时钟管理时间。

1. 显示时刻。极简时钟操作简单，打开 App 就会进入时刻显示界面，如图 3-18 所示。

图 3-18 极简时钟时刻界面

2. 正、倒计时。在时刻显示界面左右滑动，即可分别进入倒计时与正计时界面。

解决办法2：用实体智能时钟提醒教学环节时间节点。

各大品牌的智能时钟不仅能显示时间，还能设置分段闹钟。教师可以根据教学环节的时间分配提前设置好智能提示。

解决办法 3：用轻音乐代替计时。

除了直接显示时间的方式外，部分教师还会选择隐性的带时间属性的方式，如在小组合作中教师使用时长合适的轻音乐来代替计时，音乐播放完毕后活动结束。

注意：时间提示的作用是帮助教师管理好教学时间，切不可干扰正常的教学。

资源拓展：

其他可倒计时的工具

1. 番茄 ToDo，一种自定义计时项目、计时时长的工具，附带各项目时长统计。

2. 课堂有点酷，一种在线网页工具，可自定义倒计时项目。关于课堂有点酷的更多操作可参考本节问题 3。

问题 2：学生课堂行为的记录与反馈 >>>>>>>>

教学情境：

学生的哪些行为需要记录与反馈呢？对于小学来说，答案很直接——需要强化的行为。例如，在"三角形的内角和"一课上，教师需要对学生的学具准备情况、精神状态、动笔习惯、参与互动的方式和频次等行为及时进行记录与反馈。那有没有一种技术能让教师在课上方便、快捷地对学生行为进行实时记录与反馈，并在学期末形成学生个人或小组的课堂行为档案袋呢？

解决办法：

解决办法 1：利用班级优化大师完成对学生课堂行为的实时记录与反馈。

1. 电脑端登录等操作可参见本章第一节问题 1：小组合作学习效果的评价的解决办法 3。进入班级优化大师电脑端界面后，选择下方的"学生"或"小组"标签（图 3-19），可快速将学生随机分组（图 3-20）。电脑分组完毕后，可拖动学生姓名调整分组（图 3-21）。

图 3-19 选择"学生"或"小组"标签

图 3-20 选择随机分组的组数

图 3-21 自定义调整分组

2. 教师在课堂上需要点评学生的行为时，可选中学生个人或小组，然后点击"给小组发送点评"(图 3-22)，选择相应的表扬或待改进的行为类型(图 3-23)，即可完成对学生行为的即时反馈与记录。点击界面右下角的"光荣榜"，班级优化大师可将反馈结果实时呈现在电脑端(图 3-24)，也可点击左下角的"班级报表"查看班级整体情况和个人表现(图 3-25)。

图 3-22　选择点评对象

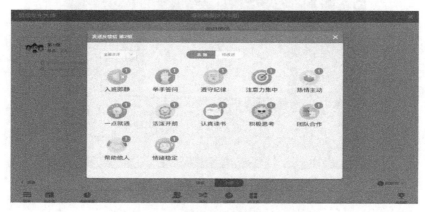

图 3-23　选择需要反馈的行为类型

图 3-24　光荣榜

图 3-25 班级报表

解决办法 2：利用班级优化大师完成个性化的行为类型反馈。

如何自定义表扬和待改进的行为类型？这可以在班级优化大师的网页端进行操作。

1. 打开网址(https：//care. seewo. com/)，登录账号并进入课堂管理。进入相应班级，点击右上角的"设置"，选择"班级设置"，进入班级设置页面(图 3-26)。

图 3-26 进入班级设置

2. 选择编辑表扬与待改进类型，点击图中表扬或待改进的"＋"，添加类型(图 3-27)。

图 3-27　类型修改界面

3. 输入类型名称，确定分值，勾选最下方的"应用到我所有的班级"，完成类型创建(图 3-28)，电脑端再次点评时即可看见新增类型。

图 3-28　完成类型创建

问题 3：学生课堂活动参与度的提高　>>>>>>>

教学情境：

我们经常听见一些数学教师的心声。李老师："乘法分配律，我讲过很多次了，也跟乘法结合律比较区分过多次了，为什么学生还是会混淆呢？"王老师："我上课嗓子都讲哑了，学生还是会忘记三角形的面积公式要除以 2。"高老师："我现在教六年级了，每次数学课学生积极举手回答问题的很少，是不是年级越高，学生就越不愿意主动表现自己？"刘老师："我们班有名学生，每次上数学课都坐得很端正，也没有开小差，就是听课效果不好，课后练习错误率比较高。怎样让数学课堂活起来？怎样让数学学习更加有趣？如何提高数学教学效率，提高学生的参与度？”

解决办法：

解决办法1：使用希沃白板5的互动游戏丰富课堂形式。

1. 打开网址(http：//easinote. seewo. com/)，下载并安装软件。登录后可在课件库里设置学段、学科等(图3-29、图3-30)。

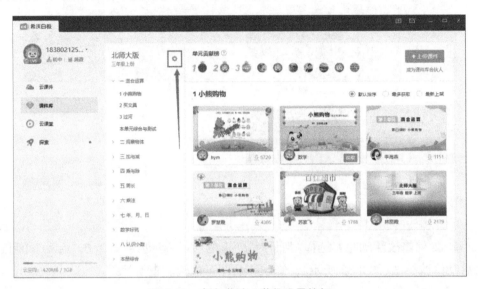

图3-29　点击学科、学段设置按钮

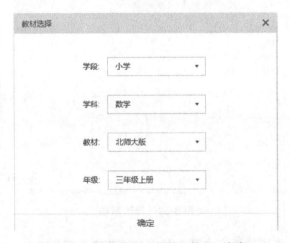

图3-30　设置学段、学科、教材、年级

2. 选择界面上方的"课堂活动"工具，可看见提供的各类型活动(图3-31)。选择一种活动进入即可查看示例，点击"应用"之后即可体验示例。

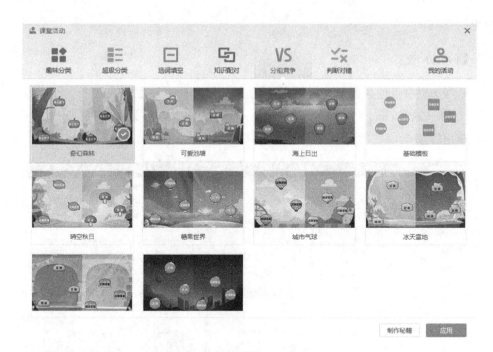

图 3-31　课堂活动界面

3. 如何修改活动呢？选择"判断对错"里的"森林运动会"，双击"活动"即可进入活动修改界面（图 3-32 所示），修改完后即可体验、查看效果。

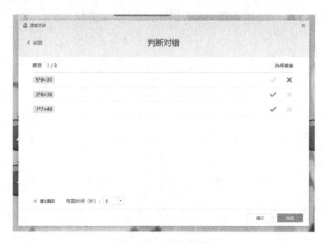

图 3-32　修改活动

解决办法 2：使用课堂有点酷中的击鼓传花实现随机点名。

1. 打开网址（http：//www. ketang. cool），选择"击鼓传花"。

2. 第一次使用时需要点击"创建班级"，完善授课班级设置，完成后也可在网页中点击"修改"完善信息（图 3-33），修改学生姓名（图 3-34）等。

图 3-33　点击修改

三角形的内角和 ✕

取个名字

三角形的内角和

班级学生姓名列表（一行一个）

陈晓铃
徐俊伍
罗雯
冯英
王艳伦
王学娇
周庆
贾颖杰
胡華
苏 洋
杨青春
毛政弘
刘利娟
赵雪青
方华
唐天霖

修改班级

图 3-34　班级信息修改界面

3. 完善信息后，点击"击鼓传花"开始随机点名(图 3-35)。届时可以按任意键开始传花(图 3-36)，再次按任意键结束传花。

图 3-35　点击击鼓传花

图 3-36　击鼓传花启动界面

解决办法3：使用课堂有点酷中的快抢实现抢答。

1. 打开网址(http：//www.ketang.cool)，点击"快抢"并"创建快抢"，进入"快抢"活动信息填写界面(图3-37)。信息填写完毕后，即可设置界面、添加题目(图3-38)。

新建快抢测验   ✕

取个名字

设置关键词

例如：数学

选择难度

难度1   ⌄

新建快抢

图3-37 "快抢"活动信息填写界面

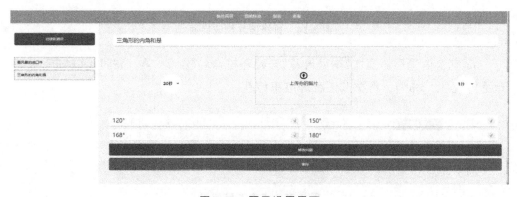

图3-38 题目设置界面

2. 完成上述工作后，即可点击"开始"进入快抢准备界面(图3-39)。学生可使用移动端扫描屏幕上的二维码进入快抢等待界面。点击"开始"后，学生可在移动端抢答。在规定时间内回答完毕后，网页端将呈现抢答结果(图3-40)，学生移动端也会停止游戏。

极简教育技术与小学数学教学

图 3-39　网页端"快抢"等待界面

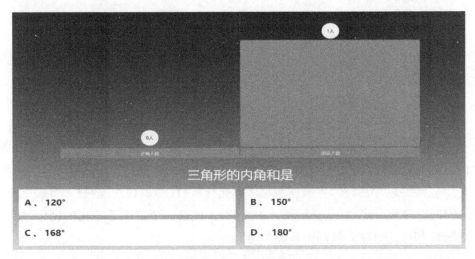

图 3-40　抢答结果界面

解决办法 4：使用网络画板丰富互动资源。

1. 打开网址（https：//www. netpad. net. cn/），进入"网络画板"主页面并点击"教学资源"。

2. 进入教学资源后，点击"资源广场"，选择相应学科选段，即可看见互动资源（图 3-41）。例如，点击"求阴影部分面积"案例，即可看到该题的求解过程，也可进行修改编辑。

图 3-41　互动资源

解决办法 5：利用魔法园丁实现 AR 交互。

1. 打开网址（http：//edu. clustertech. com. cn/），下载对应教材版本的软件，目前支持人教版、北师大版、苏教版。

2. 安装好软件后教师可根据教材版本选择教材（图 3-42），根据章节选定资源（图 3-43），然后在提示下进行互动（图 3-44）。魔法园丁提供了丰富的视频微课和教材配套 PPT，可作为教师的备课参考。

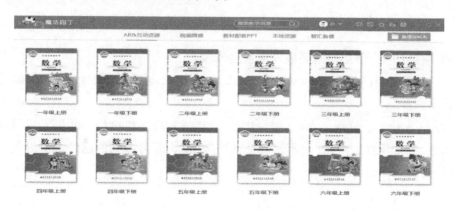

图 3-42　教材选择界面（北师大版）

图 3-43　根据章节选择资源

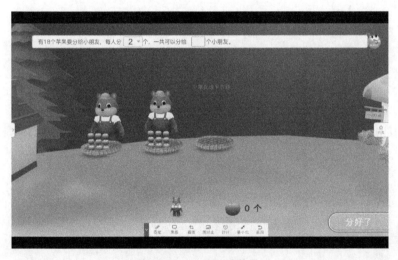

图 3-44　开始互动体验

问题 4：学生思维成果的整理　>>>>>>>

教学情境：

头脑风暴是帮助学生找到解决问题的思路的常用手段。小学生的思维相对发散，想到什么就说什么，不能准确、简洁地表达思考的结果。写下来是一种能帮助学生整理思维的不错的方法。张老师问："有没有一种工具可以帮助学生整理思维成果、养成良好的思维习惯呢?"

解决办法:

解决办法1:用幕布帮助学生进行思维梳理。

1.打开网址(https：//mubu.com/home)，下载客户端，安装并打开软件。软件界面如图3-45所示。

图 3-45 幕布软件界面

2.点击搜索栏旁的"新建"按钮(图3-46)，即可完成新文档的创建(图3-47)。

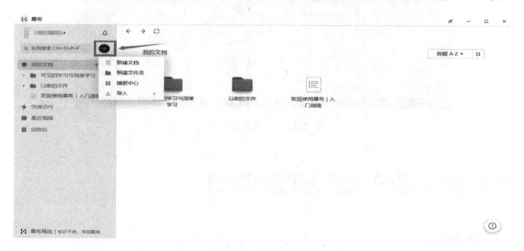

图 3-46 创建新文档

图 3-47　新文档界面

3. 在大纲模式下，学生可以学习如何使用自上而下撰写提纲的方式梳理思路，使用电脑的 Tab 键或 Shift＋Tab 键即可调整内容的大纲级别。习惯使用思维导图的学生或者教师点击右上方的大纲笔记与思维导图的转换键(图 3-48)即可完成两种模式的自由转换(图 3-49)。

图 3-48　大纲笔记与思维导图的转换

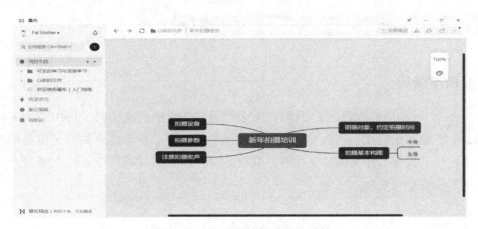

图 3-49　大纲笔记转换成思维导图

解决办法 2：使用幕布帮助学生协作建构知识。

1. 幕布支持协作编辑，可帮助学生合作整理小组思维成果。点击右上方的"分享"按钮(图 3-50)，添加链接，设置文档权限(图 3-51)即可将链接发送给合作成员进行协作编辑。

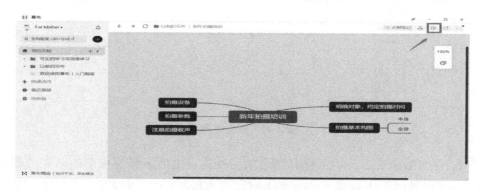

图 3-50　点击分享键

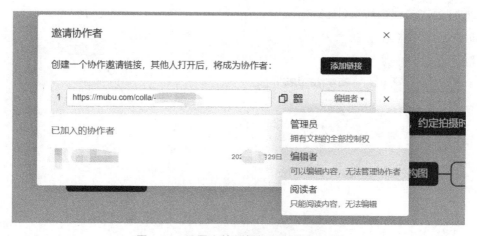

图 3-51　设置文档编辑权限并获取链接

问题 5：学生真实情感体验的及时了解 >>>>>>>

教学情境：

在上"三角形的内角和"一课时，李老师想知道学生们在学习过程中的情感体验，如对题目的态度、对教师讲解的接受程度、证明三角形内角和的过程中的情感变化、与同伴合作的情感变化等。有没有一种技术能够帮助李老师在课堂上及时了解到这些信息呢？

解决办法：

解决办法 1：用课堂有点酷中的纸条范收集学生的情感信息。

1. 打开网址(http：//www. ketang. cool)，登录成功后，选择"纸条范"。

2. 进入"纸条范"后，即可填写相关信息(图 3-52)。完成填写后即可保存内容，获取二维码与链接(图 3-53)。填写过程中可设置学生是否匿名发表意见。

图 3-52 填写信息

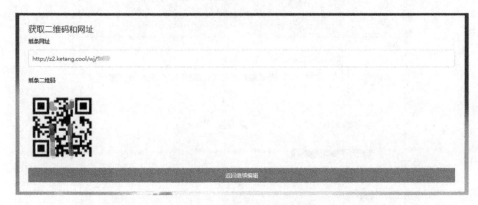

图 3-53 获取二维码与链接

3. 学生可通过移动端扫码发表建议，教师可在网页端即时查看学生的情感变化，学生也能在移动端实时查看其他同学的留言(图 3-54)。

图 3-54　在移动端查看"纸条"

解决办法 2：利用雨课堂即时呈现学生的情感。

1. 打开网址(https：//www. yuketang. cn/)，下载安装包并完成软件安装。安装好雨课堂后，即可在打开 PowerPoint 文件的选项卡中看见雨课堂插件(图 3-55)。

图 3-55　雨课堂插件

2. 点击"功能设置"，开启课堂授课弹幕(图 3-56)。

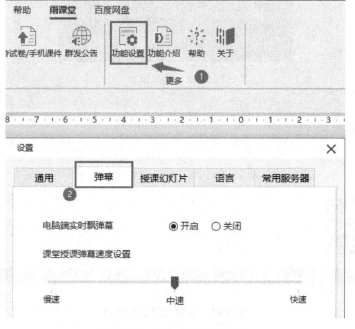

图 3-56　开启课堂授课弹幕

3. 点击"开启雨课堂授课"，会弹出雨课堂的登录验证界面。用微信扫描二维码即可获取登录验证码(图 3-57)。首次登录，雨课堂会给出完整的操作教程。

图 3-57　在微信获取到登录验证码

4. 完成验证后，系统会弹出选择课程和班级对话框，填写相关信息后开启授课即可(图 3-58)。

图 3-58　开启授课

5. 点击"开启授课"之后，授课 PPT 的第一页会自动呈现"课堂暗号"。学生使用移动端扫码即可进入网上教室，教师也可使用移动端扫描"课堂暗号"进入移动端登录界面。

6. 登录成功后(图 3-59)，教师可以选择学生视角查看 PPT，也可使用移动端控制弹幕的开关。教师可决定是否向全班发送相应弹幕(图 3-60)。

图 3-59　登录成功的界面

图 3-60　选择是否将该弹幕发送至全班

解决办法 3：用问卷星的态度量表收集学生的情感反馈。

1. 问卷星的登录与操作可参考本章第一节问题 1"小组合作学习效果的评价"解决办法 1，这里不再赘述。

2. 选择"调查"类型的问卷，选择评分题中的量表题即可完成对学生情感问题的收集(图 3-61)。教师也可根据实际情况尝试使用其他评分提醒，如 NPS 量表、矩阵量表。

* 2. 你对自己和同伴的沟通满意吗

很不满意　○1 ○2 ○3 ○4 ○5　很满意

图 3-61　量表题示例

问题6：课堂管理的其他常用技术 >>>>>>>

教学情境：

小学数学随堂作业中经常会出现口算题、四则混合运算题、竖式加减法、竖式乘除法等题型。这些题目批阅难度不大，但批阅量大。李老师想有没有一种技术可以提高批阅的效率，以便留出更多的时间备课。

解决办法：

用爱作业批量批改学生作业本上的数学题。

1. 在手机上下载爱作业 App 并安装。打开爱作业，界面如图 3-62 所示。点击"拍照检查"拍摄口算题，爱作业会自动判断题目的对错并做好标记(图 3-63)，错题会自动归档到错题本。教师可查看并收集错题(图 3-64)，必要时可下载后打印出来给学生练习(图 3-65)。

图 3-62　爱作业应用程序打开界面　　图 3-63　批阅结果

图 3-64　查看错题　　　　图 3-65　下载错题文档界面

2. 爱作业还能批改哪些数学题型呢？详情可参看图 3-66。

图 3-66　V4.10 的爱作业可批改的类型

3. 在条件允许的学校，教师还可建立爱作业班级，帮助学生使用移动端进行自我批阅。学生的批阅数据会及时更新到教师端，便于教师进行学情分析，精准配题，开展有针对性的训练。

第四章
教学反思与学生指导

  本章围绕教师在小学数学教学中如何开展教学反思及指导学生利用信息化数学工具开展活动探究进行了极简教育技术的介绍。反思教学活动及指导学生的数学活动是教师专业成长的重要组成部分。本章内容结合小学数学教师专业成长中的一些情境，以极简教育技术为支撑，尝试帮助一线教师开展技术支持下的教学反思与学生学习活动指导。

教学反思的极简技术

问题1：教学日志的撰写 >>>>>>>

教学情境：

周老师在多次教师培训中听到专家提出：教师工作是一种典型的反思实践型工作，应该通过撰写教学日志的方式来完成对自己教学实践的反思，以促进专业发展。周老师很想促进自己专业发展，因此，决定在后续的教学工作中撰写教学日志，通过对自己教学实践的记录与反思，来提升自己的教学设计与实施能力。但周老师在撰写教学日志前，还有如下一些疑问：教学日志是什么？教学日志主要写哪些内容？通过哪种方法来撰写教学日志比较方便？周老师希望能得到来自专业人员的帮助，便向学校教科室主任王老师提出了自己的问题。

解决办法：

王老师作为教科室主任，对于日常教学教研工作是比较了解的。他知道周老师的疑惑后，为周老师提供了如下一些信息。

教学日志：用于记录每天的教学活动以及这些活动的实施效果、影响课堂教学的关键细节等情况的文本，可以生动地表达教师组织的活动。撰写教学日志是教师很好地认识自己的一种方法。

教学日志的主要内容：教学日志并没有确定的内容，一般可以包括教学中有意义的事件、个人的感受、对事情的反思等，可以记录自己在教学和研究过程中发现的问题、个人的困惑、个人的解释和看法等。

教学日志可以是描述型的，用于记录教学的现象；也可以是思考型的，反思教学方面的问题，如你教了什么，是如何教的，教学计划是否与教学实际情况相符，为什么有些内容能够按计划完成，而有些却不能，也可以从学生学习方面思考，如他们学了什么，不同的学生有什么不同的反映等，都可以是教学日志的内容。总体而言，教学中的成功、失败、焦虑、惊喜等都可以成为日志内容。

撰写教学日志要注意以下几点。

亲历性：保证教学日志的独特性与原创性。

叙事性：一个教学事件发生、发展的过程和对结果进行反思的过程。

启发性：一篇教学日志所表达的思想和对他人的启示越深刻，它的价值就越大。

典型性：教学日志记录的内容应当具有典型性。

即时性：教学日志应该即时记录，以便对细节进行记录与回顾。

资源拓展：

教学日志模板

教学日志的撰写并没有统一的格式要求，不熟悉教学日志撰写的教师可将表4-1作为参考模板。

表 4-1 教学日志模板

教学日志模板
记录人：　　　　记录日期：　　　　教学课题：　　　　教学对象：
记录类型：（可以是教学观摩、教学设计反思、课后反思、访谈实录或读书日志）
记录内容：（此部分记录教学过程、访谈实录或教学心得）
教学反思：
下一步的改进措施：

问题 2：头脑风暴在教研中的使用 >>>>>>>

教学情境：

谌老师最近接到一项新的任务：设计一节小学高年级的数学课。该课的重点是使学生在学习中感受到数学之美，感知数学文化，能体现数学学习的核心素养要求。教学对象预定为本校六年级的学生。接到这项任务之后，谌老师有一点为难，因为这节课既没有指定的教学内容，也没有对教学的明确要求，她不知从何入手。经过多天的思考，谌老师做了若干种教学设想，但又否定了所有设想的方案。看来，她自己难以找到比较满意的方法去完成这项教学任务，因此，她准备求助其他同事。谌老师恰好是区数学信息化教学工作室的成员，她将这一困难公布在工作室中，向工作室的教学同人咨询是否有关于这一教学任务的好选题及解决方案。

解决办法：

工作室的教师们收到相关信息后，认为这个问题很有意思，但也很难直接确定选题及解决方案。工作室主持人周老师认为有必要召开一次针对这个问题的教研会，看能否为谌老师提供更有效的帮助。在工作室各位教师都有时间的时候，周老师召开了针对谌老师的教学任务的教研会。

教研活动一开始，周老师在说明了今天教研会的目的后，宣布今天的教研会采用头脑风暴法。

资源拓展1：

头脑风暴法简介

头脑风暴法是一种培养创造力的方法。它首先组织一些具有一定专业知识和修养的专门人才，组成一个小组，进行集体讨论，相互启发、相互激励、相互弥补知识缺陷，引起创造性设想的连锁反应，产生尽可能多的设想，然后对提出的方案逐一通过客观、连续的分析，找到切实可行的"黄金"方案。

头脑风暴法旨在获得更多的解决问题的创造性意见，因此在实施中要严格遵循以下原则。

第一，禁止批评和评论，也不要自谦。对别人提出的任何想法都不能批判、阻拦，即使自己认为是幼稚的、无意义的，甚至是荒诞离奇的，也不得予以驳斥；同时也不允许自我批判，禁止出现一些"扼杀性语句"和"自我扼杀性语句"，如"这根本行不通""你这想法太陈旧了""这是不可能的""这不符合某某定律""我提一个不成熟的看法""我有一个不一定行得通的想法"等。只有这样，与会者才可能充分放松心情，在别人设想的激励下，集中全部精力开拓自己的思路。

第二，目标集中，追求设想数量，越多越好。在头脑风暴过程中，大家要提设想，越多越好，以获取设想的数量为目标。

第三，鼓励巧妙地利用和改善他人的设想，这是激励的关键所在。每个与会者都要用他人的设想激励自己，从中得到启示，或补充他人的设想，或将他人的若干设想综合起来提出新的设想等。

第四，与会人员一律平等，将各种设想全部记录下来。与会人员不论是该方面的专家，还是其他领域的学者等，一律平等。记录人员都要认真地将各种设想完整地记录下来。

第五，主张独立思考，不允许私下交谈，以免干扰别人思考。

第六，提倡自由发言，畅所欲言，任意思考。会议提倡自由奔放、随便思考、任意想象、尽量发挥。

第七，不强调个人的成绩，应以小组的整体利益为重，注意和理解别人的贡献，创造民主环境，不以多数人的意见阻碍个人新的观点的产生，激发个人提出更多更好的主意。

主持人周老师在介绍了头脑风暴法的规则后，请谌老师介绍她的任务和困境。周老师对问题再次进行了简单的描述后，选择了一个开放的话题：在不局限于我们使用的数学课本的情况下，有趣、有数学思维、能体现核心素养的小学高年级数学教学选题有哪些？（注：这一提问形式是主持人将谌老师的问题分解成了更小的问题的组合）在沉默之后，与会教师就自己的经验与理解纷纷列举了不少问题，重点集中在"数学好玩""数学（奥数）思维""数形结合""数学游戏"等方面，主持人将各位教师的发言一一记录。约 8 分钟后，每位教师都进行了发言，补充新发言的越来越少。主持人再次追问，如果不限制在数学学科内，考虑数学与其他学科的结合，有没有新的提议呢？教师们又进行了再一轮的发言，主持人再次一一记录。两轮发言后，主持人记录了 15 个选题，并注明了基本内容。主持人将这 15 个选题投屏到一体机上，制作了一个选题列表，请与会教师一起对选题进行筛选。在现有选题的基础上，大家又进行了一轮讨论，最后确定了两个选题：思维之美、欣赏与创作。思维之美重点体现数学思维训练，让学生在数学学习中感受到数学思维的魅力；欣赏与创作重点是让学生利用数学的系列知识（如平铺、对称、旋转、重叠等），通过数形结合的方式创作各种数学图案，感受数学外在形式的美。

周老师在确定的两个选题的基础上开始了新一轮的提问："这两个选题如果交给你来完成，你选哪一个选题？你准备如何完成这个选题的教学？"教师们又纷纷各抒己见。随着讨论的深入，教师们发现在一节课中以"思维之美"为选题进行课堂教学在展示上比较困难，比较多的教师选择了"欣赏与创作"主题的教学。

讨论基本结束后，周老师宣布短暂休会，然后与谌老师进行了交流。谌老师表示听取大家的讨论后，也倾向于选择"欣赏与创作"作为教学的主题。

休会结束后，周老师组织了新一轮的头脑风暴：以"欣赏与创作"为主题，你如何上好这节课，提出自己的想法。教师们现在已经习惯了这种发言方式，思考后开始了自由发言。一轮讨论结束后，教师们已经形成了许多关于这节课的局部细节的教学思考。谌老师的表情看起来已经比较放松了，显然，她在听取这些意见的过程中，已经有自己对这节课的构想了。周老师这时宣布："头脑风暴的意见征求阶段结束，下面开始就这个主题的教学环节进行流程设计，先请谌老师在听取大家意见的基础上提出本节课的整体构思，然后大家再帮她完善细节。"大家进入了新的讨论环节。

经过讨论，谌老师表示，对于本任务的选题及教学，已经有了新的看法。她准备好好规划一下流程与教学细节。本次教研会得以圆满结束。与会教师均表示，通过头脑风暴解决这种开放性的问题很有效果，通过参会，自己也有了较大的收获。

资源拓展 2：

头脑风暴法与专题讨论法的区别

在通过教研解决问题的过程中，我们一般常用两种方法：头脑风暴法、专题讨论法。那在教研中如何使用这两种方法呢？一般来说，如果要对教研问题提出创新性的解决办法，应该使用头脑风暴法；如果要对教研问题进行学术性讨论，提出深入解决问题的想法，建议使用专题讨论法。头脑风暴法在使用中要特别注意其使用规则，"严禁批判"和"延迟评价"是保证头脑风暴法真正实施的重要规则，这样可以使参与人员在较短时间内提出大量想法；专题讨论法的重点是就同一个问题进行辩论与深入分析交流，是在思维碰撞中产生问题解决的办法，适用于对问题进行深度思考。

问题 3：课堂观察与评课 >>>>>>>>

教学情境：

随着"一师一优课　一课一名师"活动的开展，不少中小学校鼓励教师积极参与优课活动。一节优课的成形大致分为几个阶段：录课、晒课、导师团评课、磨课、最终形成优课。学校内部想要推出一节优课，需要参赛教师及团队自行设计课程。为了便于整个团队反复观看和打磨，可以将其录制成视频，再对教学实录进行分段分析，从而完善课程。C 学校的数学教师王老师想要参加优课活动，他已设计好了课程，且已完成了第一轮录课，并上传到学校内部平台供各位同事观看和提建议，力求通过整个数学教研组的共同努力，推出一节优课。什么是课堂观察，如何开展评课活动，成了学校数学教研组教师思考的问题。商讨过后，他们准备求助同市优课活动开展较好的学校。

解决办法：

A学校数学教研组收到求助邮件后，很热情地回复了C学校的邮件，内容如下。

课堂观察，顾名思义，就是通过观察对课堂的运行状况进行记录、分析和研究，并在此基础上谋求改善学生课堂学习、促进教师教学的专业活动。专业的观察活动与一般的观察活动相比，要求观察者带着明确的目的，凭借自身感官及有关辅助工具(观察表、录音录像设备)，直接(或间接)从课堂上收集资料，并依据资料做相应的分析、研究。它是教师专业学习的重要内容。

如何确定课堂观察点：第一，观察点的确立要遵循可观察、可记录的原则，如课堂中教师的提问、反馈、讲述，学生的应答、练习等行为，教师与学生没有表达出来的所思所想是很难观察与记录的，因而无法被确立为观察点；第二，课题组在观察之前需要进行商讨，依据本校本学科近几年的发展规划设定出更切合实际的观察点，在此基础上设计—观察—反思—改进，从而形成教研活动链。

如何选择和自主开发课堂观察或记录工具？在复杂的教学情境中必须借助一定的工具才能进行有效的观察记录。关于观察记录工具的选择需要思考以下几点。

第一，如何选择已有的工具。例如，若是观察课堂提问，根据课堂提问的数量频次来确定课堂师生互动情况，可以采用定量的课堂观察，可参照的工具有弗兰德斯师生互动分析系统(FIAS)；如果想要观察教师提问类型、学生对问题的认知层次，就需要采用定性与定量相结合的方式，具体可参照王陆团队关于教师提问行为的研究。

第二，为何开发新的观察记录工具。目前已有的课堂观察工具在逻辑上的严密性与科学性都是经过实践论证的，大都较为成熟，但也存在弊端，即不同的学科具有不同的性质与要求，还有不同的课堂情境，然而如今的课堂观察记录工具大多具有普遍适应性的特征，普遍适应性越强意味着针对性越弱，因此自主开发新的观察记录工具更能满足观察者的实际需求。

第三，如何开发课堂观察工具。首先，明确观察目的，若研究教师提问，可以划分教师提问的类型、提问的数量、问题指向学生的认知层次、提问的方式等；其次，开发完成后需要不断修正，论证其科学性与严谨性。

除此之外，A校数学教研组还在邮件中提到数学学科的叶立军博士对课堂中的教学行为研究较为深入，评课活动中课堂观察工具的选择可参考叶立军博士的相关研究。目前有关课堂观察的量表有很多，但基本没有可以在指定官网下载的与量表相匹配的软件，因此评课者在对教学视频进行观察时可借助EXCEL电子表格进行记录，再对编码数据做统计分析。

资源拓展 1：

基于视频的课堂观察方法

与课堂现场观察方法相比，基于视频的课堂观察方法具有以下优势。[1]

第一，对课堂干扰少。基于视频的课堂观察方法以课堂教学视频作为媒介，观察过程可脱离课堂教学现场，有效减少了对课堂教学的干扰，保障了原始课堂的真实性。虽然现场录制的方式会对课堂教学带来干扰，但随着信息技术的发展，远程录制技术已经相当成熟。基于远程录制技术进行课堂教学视频的录制，基本上避免了对课堂教学的干扰，这是课堂教学现场观察方法所不能达到的。

第二，支持回溯。课堂教学的现场转瞬即逝，要求观察者必须在短时间内快速、有效地进行课堂观察并记录信息，稍不留神就可能错过一些有效信息的观察和记录。因此，现场观察对观察者有较高的要求，观察者不仅要熟练掌握课堂观察的各项技巧，而且要时刻全神贯注，认真观察并及时记录相关信息。在信息技术的支持下，把课堂教学活动录制成数字化视频，利于保存，支持回溯，便于观察。观察者可根据需要反复查看，自助控制视频的播放，详细观察和记录所有可用信息。

第三，可有效提高课堂观察的效率和质量。教学视频作为一种数字化的媒体形式，研究者可方便地在计算机上根据需要进行各项处理。借助于相关视频观察和数据分析软件，研究者可在软件中观察视频内容，快速记录下相关信息，利用计算机迅速对数据进行分析，并可采取多元化的结果呈现方式，有效提高课堂观察的效率和质量。

第四，有利于教师专业发展。在课堂现场，教师作为观察的对象，无法客观地观察和分析自身的教学过程。通过视频，教师可对自己的课堂教学活动开展的过程进行详细的观察，反思教学的各个环节，从中探索教学的改进方法，这对于教师的专业发展来说是非常有用的一种形式。

资源拓展 2：

弗兰德斯互动分析系统

弗兰德斯互动分析系统诞生于 20 世纪 60 年代，由美国学者内德·弗兰德斯提出，是一种探究课堂中师生互动行为的观察系统。[2] 这种课堂行为分析技术主要用于记录和分析课堂中师生语言互动过程及影响，是一种影响极大的课堂观察分类系统。弗兰德斯互动分析系统把课堂上的语言互动行为分为三大类共 10 种情况，分别用编码 1—10 表示。其中教师语言行为占 7 类，学生语言行为占 2 类，第三类为沉寂或混乱(无有效语言活动)，具体情况如表 4-2。

---

[1] 程云：《基于视频的课堂教学行为分析方法研究》，博士学位论文，华中师范大学，2015。

[2] 程云：《基于视频的课堂教学行为分析方法研究》，博士学位论文，华中师范大学，2015。

表 4-2　弗兰德斯互动分析系统的编码介绍

分类		编码	内容
教师语言	间接影响 （学生驱动）	1	表达情感
		2	表扬或鼓励
		3	接受或使用学生的主张
		4	提问
	直接影响 （教师主动）	5	讲授
		6	给予指导或指令
		7	批评或维护教师权威
学生语言	（教师驱动）	8	学生被动应答
	（学生主动）	9	学生主动说话
沉寂或混乱		10	无有效语言

　　弗兰德斯采用现场研究的方法，在课堂观察中，采用时间抽样的办法，每间隔 3 秒钟采集一个行为样本，依据行为类别进行编码和记录。按照此方法，一节 45 分钟的课约有 900 个编码。这些编码按照在课堂上发生的时间顺序连接成一个时间序列。观察者可通过互动分析矩阵法、比率分析法、时间线标记法等分析课堂教学活动，从而对课堂教学情况做出有意义的分析。弗兰德斯互动分析系统以量化的方式统计、分析和处理课堂教学中的师生言语交互行为，从而通过量化的数据来分析和反思教师的教学，再结合教学相关的质性描述，实现更全面地认识和分析课堂教学的目标。

资源拓展 3：

S-T 分析法

　　S-T 分析法是一种以图形的方法表示教学性格的分析方法。[1] 该方法将教学中的行为仅划分为学生（S）行为和教师（T）行为，减少了行为分类的模糊性，行为判定更为客观、准确。任何人用 S-T 分析法对给定的教学过程进行记录时，都会得到相同的结果。该方法计算简单，以图形来表示计划教学与实施教学的结果，用可视化的方法研讨教学，直观形象，使用便捷，利于推广、实施。若是对课堂教学模式进行判断，S-T 是可选取的分析方法。具体运算为：Rt 即教师 T 行为占有率，表示教师 T 行为数与总的行为采样数之比。计算公式为：$Rt = Nt/N$。其中，N 表示教学行为的采样总数，Nt 表示 T 行为的采样数。Ch 即师生行为转换率，表示教学过程中 T 行为、S 行为间的相互转换次数与总的行为采样数之比。计算公式为：$Ch = (g-1)/N$。其中，g 表示数据中的连数，如 S-T 数据为"T T S S T

---

① 程云：《基于视频的课堂教学行为分析方法研究》，博士学位论文，华中师范大学，2015。

S S T T T"，该数据中有 5 个连（T̄T̄ SS T̄ SS T̄T̄T̄），则 g＝5。将计算出的 Rt 和 Ch 数据描绘在横轴为 Rt、纵轴为 Ch 的坐标图上，可得到 Rt-Ch 图。一节课的教学，在 Rt-Ch 图中对应一个点，依据这个点可以界定该课的教学模式。日常 45 分钟左右的课，采样间隔为 30 秒的情况下设定的教学模式界定标准为：练习型 Rt≤0.3，讲授型 Rt≥0.7，对话型 Ch≥0.4，混合型 0.3＜Rt＜0.7 且 Ch＜0.4。①

表 4-3　T 行为和 S 行为的定义

类别	定义
T 行为	教师视觉的、听觉的信息传递行为
S 行为	T 行为以外的所有行为

资源拓展 4：

问题——通用的教学工具

如果有一种通用的教学工具，那一定是问题。问题为教师和学生提供了独特的机会，让他们参与到富有成效的对话中，并以多种不同的方式思考与回应。根据布卢姆的教育目标分类，可以将问题划分为不同的层次：在知识、理解、应用层面的问题被看作低阶问题或低水平认知问题，在分析、综合、评价层面的问题被认为是高阶问题或高水平认知问题。据此界定，在靠谱 COP 项目所采集的教师提问类型中，管理性问题、记忆性问题、推理性问题、为何问题和是何问题均属于低阶问题，创造性问题、批判性问题、如何问题和若何问题均属于高阶问题。依照此问题类型的划分，对课堂中教师提问的问题类型进行质性分析，可将教师提问言语进行语音—文字转录，再对文字进行逐句编码，最后统计每类问题出现的次数，从而判断教师较常采用哪类提问，并分析其原因，以此来评价授课教师的提问能力。②

资源拓展 5：

教师课堂言语行为类型

叶立军博士在研究教师课堂言语行为时将其分为以下几类。③

反馈性语言：接纳学生的情感，以一种不具威胁性的语言，接纳或澄清学生的态度或情感。

激励性语言：表扬或鼓励，对学生的语言、动作或行为进行表扬或鼓励。

启发性语言：接受或利用学生的想法，适当扩大或发展学生所提出的意见或想法。

① 薛新国：《S-T 分析法及其在教学中的应用》，载《江苏教育研究》，2019(29)。
② 王陆、彭玏：《2015—2019 年中小学课堂高阶问题特征图谱》，载《电化教育研究》，2020(10)。
③ 叶立军：《数学教师课堂教学行为比较研究》，博士学位论文，南京师范大学，2012。

共同重复：当学生回答正确时，老师和全班学生一起重复正确的答案，以加深学生的记忆。

提问性语言：以教师的意见或想法为基础，询问学生相关内容或步骤，期待学生回答。

陈述性语言：就内容或步骤提供事实或见解；表达教师自己的观念，提出教师自己的解释，或者引述别人（非学生）的看法。

命令性言语：指令或命令等期望学生服从的语言。

叶立军博士又将课堂中的教师反馈行为进行了划分，且制定了课堂中教师反馈行为观察量表（表 4-4），其中 1～35 为学生的编号。

表 4-4　数学教师课堂教学反馈行为观察量表

反馈行为类型	编码		
		A	B	备注
A. 学生回答类型	1			
①正确、迅速而肯定	2			
②正确但犹豫	3			
③由于粗心而出错	4			
④由于不知道而出错	5			
B. 按照反馈结果分类的教师反馈类型	6			
①肯定性反馈	7			
②否定性反馈	8			
C. 按照表现形式分类的教师反馈类型	9			
①显性反馈	10			
②隐性反馈	11			
D. 显性反馈类型	12			
	13			
①弱口头反馈	14			
②强口头反馈	15			
③重复学生答案	16			
④重复问题	17			
⑤要求学生解释答案	18			
	19			
⑥教师解释	20			
⑦书面反馈	21			
⑧要求其他学生进行语言反馈	22			
⑨要求其他学生进行行为反馈	23			
⑩等待	24			
	25			
⑪提供信息后让学生再答	26			
⑫转问他人	27			
⑬反问	28			
	29			
	30			
记录与反馈有关的其他行为：	31			
	32			
①教师让学生自己评价自己的答案的次数_____	33			
②教师让学生自己评价其他同学的答案的次数_____	34			
	35			

其他常用极简技术

问题1：技术支持的教研评课活动 >>>>>>>

教学情境：

周老师是某小学数学教研组组长，非常希望带领本校的数学教师做好专业成长的工作。她知道，要促进本校数学教师的专业成长，除了要紧抓教学工作外，还要有效加强教研方面的建设，教研是实现教师教学能力提升的重要途径。对于教师个体而言，教研其实就是教师构建一个共同体，通过共同体的研讨与交流，找出并消除在教学设计与教学实施等环节的差距，以及探究自己与专家名师的差距并改进自己的教学。目前她所在的学校采用的教研活动形式比较传统。受时间与空间的限制，参与教研的人员主要是本校数学教师，教研共同体是由一个区域的教师构成的，如果需要引入新的理念，应该将共同体扩展到本区域之外，但如果按这样的思路来建设教研共同体，教研活动的时间成本与经济成本都会增加很多，从学校目前的情况来看，似乎不太可能实现。周老师很希望有好的办法来解决这个问题。

解决办法：

在一次外出学习中，周老师接触到了一个具有"互联网＋教研"的听评课教研平台"爱评课"。这个平台的特点是通过互联网技术将各地的教师组建为一个圈子，处于圈子中的教师构建成一个教研共同体。这个圈子中既有专家级教师（平台方邀请入驻的教师），也有各地一线教师及教研员。平台本身具有教学视频实时直播与录播的功能。当主播方发起教学直播后，其他教师可以直接通过平台观摩或者回放本节课，并且对直播或者录播的课进行7个维度的评价，评价指标有200个。其操作方法简单，使用过程方便，非常适合具有同一学科教学要求的教师共同开展教研工作。

这款软件有移动版、电脑版、教研修共同体极速版。周老师试用了移动版，发现操作简单，能很快上手。

对已经公布的课例进行评课的基本操作方法如下：

第一，在微信或钉钉小程序中搜"爱评课"，点击进入平台界面；

第二，点击底部的"评课"选项；

第三，选择对应公布的课，开始评课活动；

第四，在底部的"量表"选项中选择多维度评价及等级；

第五，根据评价量表完成评课后，提交评价选择可见范围，可以查看评课报告。

具体操作如图 4-1 所示。

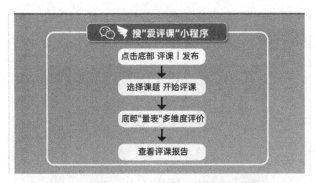

图 4-1　用"爱评课"小程序进行评课的操作流程

如果需要重新开展评课工作，可进行如下操作：

第一，在微信或钉钉小程序中搜"爱评课"，点击进入平台界面；

第二，点击底部的"发布"选项；

第三，点击"新建评课"；

第四，填课题名，选择内置评价量表；

第五，设置可见范围(可以是公开的，也可以是私密的)；

第六，发布评课。

具体操作如图 4-2 所示。

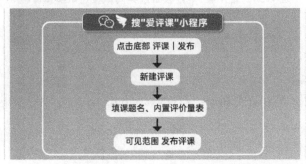

图 4-2　用"爱评课"小程序新建评课的操作流程

以上是"爱评课"移动版的使用方法。如果使用教研修共同体极速版，则操作略有不同。其操作流程如下：

第一，在微信或钉钉小程序中搜"教研修共同体"或"爱评课"；

第一，点击首页的"记录"选项；

第三，选标签(标签有跨省、跨区县、校级、自建)；

第四，填信息，可选择的信息有活动主题、课题报等、授课老师；

第五，上传实景(可上传图片、语音、视频、聊天记录、附件)；

第六，做评价(方式可以采用文字、语音和手写识别)；

第七，发送(可设置为公开、部分可见、私密)；

第八，统计表下载(可按年度、学期、月、周、研修地点、课题、话题、人员信息等下载)。

具体流程如图 4-3 所示。

图 4-3 "爱评课"平台教研修共同体极速版操作流程

"爱评课"电脑版的使用操作流程与前面的移动版使用流程略有不同，其操作流程分以下两类。

1. 利用电脑版评课：

第一，在浏览器中输入 http：//www.aipingke.net，进入对应的网页；

第二，点击左上角的"评课列表"；

第三，点击拟评课"实时课堂"；

第四，点击"加入评课"；

第五，利用指标和维度评课；

第六，下载专家提供的诊断报告。

2. 利用电脑版发布课：

第一，在电脑浏览器中输入 http：//www.aipingke.net，进入对应的网页；

第二，点击左上角的"发布评课"选项；

第三，选择直播或录播功能；

第四，填课题名称、邀请专家；

第五，选评课指标和维度即可发布。

具体的操作流程如图 4-4 所示。

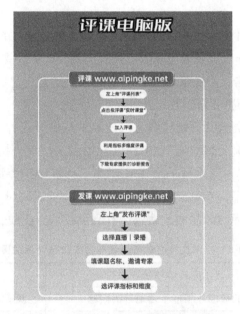

图 4-4 "爱评课"平台电脑版操作流程

资源拓展 1：

互联网＋教研

互联网＋教研通过信息技术与教研工作的融合，服务于传统的教研工作，提升了传统教研活动的效率和普及率，对课前、课中、课后各环节都给予了技术支持，让教研活动的开展更高效。

周老师在了解到这个平台的功能后，决定进行一次远距离教研尝试。

她请教研组成员李老师准备了一节三年级的"观察物体"直播课。在上课当天，她将评课链接发布在了一个由全国各地的教师组成的教研群里，同时邀请了自己的名师工作室成员及本年级教研组全体组员。成员可以现场观课，也可以远程观看直播。根据课程发布的评价量表，每位听课教师都可以进行在线实时或者延时评课。同时，周老师还邀请了本市的学科教研员罗老师参加此次教研活动。罗老师通过在线形式认真听了此节课，课后向周老师提供了一份有音频、文字、图片、视频的翔实的在线电子版观察报告，其主要包括以下内容：

第一，教学设计、情境设计、活动设计、课堂对话目标完成情况及板书维度的观察；

第二，从提问质量入手，针对提问预设、提问方式、提问内容、提问效果的有效性采集客观数据，记录学生回答问题的正确率。

罗老师的报告显示李老师在创设问题情境、利用信息技术手段引导学生进行多种形式的学习上均表现优异，问题设计指向性强，在及时评价、学生展示交流方面也完成较好。

教研室的其他教师也于当天不同时段完成了评课工作，并且系统自动生成了评课报告。周老师邀请李老师及教研室的其他成员就生成的评课报告进行了研讨。李老师通过分析评课报告，聆听同行对自己的建议，结合自己的课后反思，对"观察物体"一课的教学设计进行了修订。

通过这次活动，周老师开始认真思考技术支持的教研评课活动与传统教研评课活动的区别(表4-5)。她认为，在教研活动中引入技术支持，特别是通过"互联网＋评课"的形式，扩大了教研的圈子；评课工具将传统评课中基于个人经验感知的不少内容数据化了，有利于对教研问题进行分析。同时，网络平台可以将教研资源沉淀，形成教师清晰的成长轨迹，有利于教师专业成长。

表4-5　技术支持的教研评课与传统教研评课的区别

教研角度	技术支持的教研评课	传统教研评课
问题确立	基于数据的诊断，精准个性地解决问题	主观感知，外部推动，整体关注
教研信息	手写笔记、文本、视频、音频多模态信息采集	主观观察＋纸质笔记本
教研反馈	多维度、多模态的报告，时空不限，解决问题高效	面对面实时、线性交流和分享
教师改进	自我反思，基于教学的个性化问题改进	自我反思和学习
教研资源	多向多边流动，持续提升进化	自上而下为主
教研效果	成长轨迹清晰可见	自我感知
教研管理	教研数据的管理、分析、挖掘	制度管理为主

资源拓展 2：

网络化教研共同体的普惠价值

评课不受地域及时间限制：现场、网上(直播、录播)、跨时空、跨区域、多学科融合。

回归教研起点——透视教学中的真问题，基于学情诊断的精准教学，教师个性化问题分析。

汇聚和挖掘课堂教学中的多维度信息，由基于经验转向经验＋实证，根据量化数据分析教学活动。

区域协同教研，建构教研资源，教研活动开展更便捷，常态教研成果长久、完整地保存，并且易分享。

通过众多评课数据，掌握教师专业水平分布、校际区级差距，为教育优质均衡发展提供数据依据。

问题 2：利用几何画板创造性地解决问题 >>>>>>>

教学情境 1：

周老师今天听了一节六年级的公开课，课题是"面的旋转"，收获颇丰。执教教师在引导学生感受"点、线、面"之间的关系时，用视频展示了三个生活中常见的例子：小球在雪地里滚动形成的痕迹、汽车前挡风玻璃上的雨刷和酒店的旋转门。让学生通过观察得出"点动成线，线动成面，面动成体"的结论。周老师认为这样的设计很不错，贴近生活实际，让学生深刻体会到了数学知识是来源于生活的。可是，与此同时周老师心里又泛起了疑惑：通过视频引入，学生似乎还只是停留在表层的感知认识上，能否从这些生活实际中抽象出数学模型，初步培养学生的建模能力呢？于是，周老师决定向学校有经验的张老师请教。

解决办法：

张老师听了周老师的疑惑，立刻想到并推荐了几何画板这一动态演示工具。他们决定利用几何画板制作课件，呈现"点动成线，线动成面，面动成体"的几何动态过程。

资源拓展 1：

几何画板简介

几何画板学习容易，操作简单，是一个适合教学和学习的平台。它最大的特色是动态性，能在变化的状态下保持不变的几何关系。利用几何画板，可以使静态的图形变成动态的，抽象的概念变成形象的，枯燥的内容变成有趣的；同时，可以展示知识的发生、发展过程，揭示知识之间的内在联系，既能充分发挥教师的主导作用，又能给学生提供一种自主探究学习的直观环境，让学生真正成为学习的主体。

双击屏幕几何画板快捷方式图标，打开软件。

几何画板的界面如图 4-5 所示，由工具栏、菜单栏、绘图区组成。

图 4-5　几何画板界面

1. 工具栏。

位于界面的左侧，默认情况下有 9 种工具，点击可以直接在绘图区绘制相应的图像和输入文本。简述如下。

"移动箭头工具" 包含"移动工具""旋转工具"和"缩放工具"，能够实现对象的选中、移动、旋转和缩放操作。

"点工具" 用于画点。单击后可在绘图区绘制自由点，也可选中对象后，绘制对象上的点（如线段上的点、圆上的点等）。

"圆工具" 用于画圆。单击后可在绘图区绘制自由圆。

"线段直尺工具" 包含"直线工具""射线工具"和"线段工具"，用户可根据实际需要进行选择。

"多边形工具" 用于绘制多边形，包含"多边形工具""多边形和边工具"和"多边形边工具"，用户可根据实际需要进行选择。

"文本工具" 用于显示、隐藏、拖动或编辑点、线、圆等对象的标签（点击后对准对象单击即可）；也可用于添加文本（点击后，在绘图区拖动鼠标可出现一个矩形文本编辑框，在这个文本框中输入内容即可，并可利用下方出现的文本工具栏设置文本格式）。

"标记工具" 主要用于标记点、线、圆、角，也可当作手写笔在绘图区书写。

"信息工具" 用于显示绘图区几何对象的信息。

"自定义工具" 用于调用"自定义工具"和创建新工具。点击后可按需进行选择，快速画出许多特殊图形，如等腰直角三角形、平行四边形等。

2. 菜单栏。

菜单栏位于界面的上方，操作灵活，功能强大。常用的菜单如下。

文件：可对文件进行新建和保存等，其中的"文档选项"很常用，可增加或删除页面。

编辑：可撤销操作及剪切、复制和粘贴图片等，"操作类按钮"命令中的"隐藏（显示）""动画""移动"命令在动态演示课件的制作中经常会用到。

显示：主要针对对象的设置，如线条的颜色、粗细等；也有针对动画的设置，如加速、减速等。特别是"追踪"命令，选择后即可追踪对象的运动，拖动时可显示其踪迹。

构造：根据一定的条件来构造对象，如交点、垂线等，这是画板中用得比较多的菜单命令。有些命令也可用快捷键来执行，如构造线段可用 Ctrl＋L 等。

变换：主要对对象进行适当变换，如平移和旋转等，这是画板中比较常用的命令。

度量：可对对象进行度量，如长度、面积、坐标等，在实际应用中可对某些猜想或结论进行验证。

数据：可以新建参数和函数，并实现表格的制作和数据的计算。

绘图：可建立坐标系，绘制函数图像。

窗口：主要是设置窗口风格和显示打开文件的列表。

点动成线的制作如下。

1. 绘制一条水平直线。打开几何画板，单击左侧工具栏中的"线段直尺工具"，选择"直线工具"，按住 Shift 键以控制直线水平，拖动鼠标在绘图区作一条水平的直线，如图 4-6 所示。

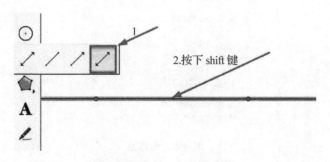

图 4-6　绘制一条水平直线

2. 绘制点。鼠标选中直线，依次选择菜单栏中的"构造""直线上的点"命令，并按下快捷键 Ctrl＋K，得到直线上的一个点 A，如图 4-7 所示。

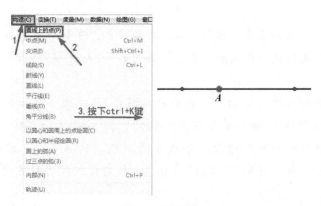

图 4-7　绘制点

3. 追踪点。鼠标选中点 A，依次选择菜单栏中的"显示""追踪点"命令，这样点 A 运动时，运动踪迹将会以很粗的红色线条显示出来，如图 4-8 所示(如果不需要了可擦除追踪踪迹)。

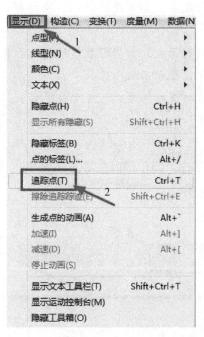

图 4-8　追踪点

4. 制作动画按钮。选中点 A，依次选择菜单栏中的"编辑""操作类按钮""动画"命令，弹出一个对话框，修改标签为"点动成线"，最后点击"确定"即得到一个动画按钮，如图 4-9 所示。

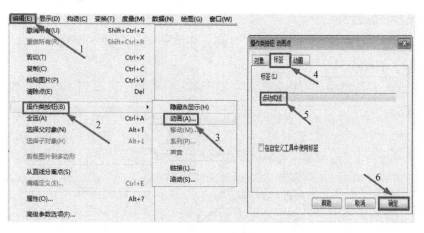

图 4-9 制作动画按钮 1

5. 完善课件。

(1)选中除点 A 和动画按钮以外的所有对象,依次选择菜单栏中的"显示""隐藏对象"命令,隐藏不需要呈现的对象。

(2)点击左侧工具栏中的"文本工具",鼠标对准点 A 单击,隐藏标签 A。

(3)保存文件,最终课件如图 4-10 所示。

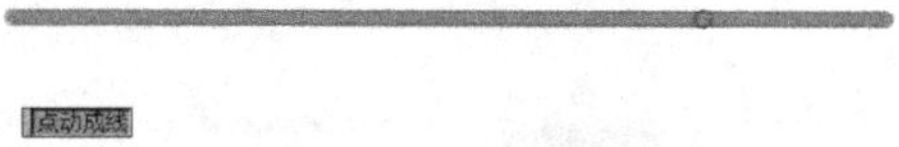

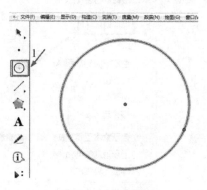

图 4-10 最终课件 1

6. 课件运行方式。让学生点击"点动成线"按钮或直接拖动点,感受动态生成过程。

线动成面的制作如下。

1. 绘制圆。打开几何画板,点击工具栏中的"圆工具",在绘图区作一个圆,如图 4-11 所示。

图 4-11 绘制圆

2. 绘制动线段。

(1)点击工具栏中的"点工具"，在圆上任取一个点，按下快捷键 Ctrl＋K，得到一个圆上的动点 A。

(2)点击工具栏中的"线段工具"，连接点 A 和圆心，得到一条动线段，如图 4-12 所示。

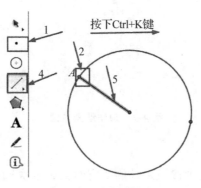

图 4-12　绘制动线段

3. 追踪线段。选择工具栏中的"移动箭头工具"，选中动线段，依次选择菜单栏中的"显示""追踪线段"命令，设置线段运动时显示出其运动的踪迹，如图 4-13 所示。

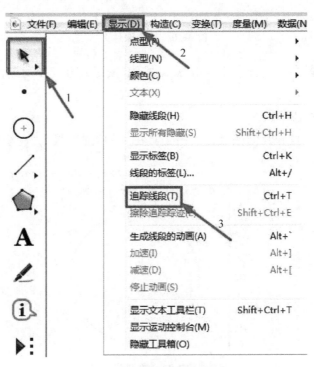

图 4-13　设置线段运动踪迹

4. 制作动画按钮。选中圆上点 A，依次选择菜单栏中的"编辑""操作类按钮""动画"命令，弹出一个对话框，修改标签为"线动成面"，最后点击"确定"即得到一个动画按钮，如图 4-14 所示。

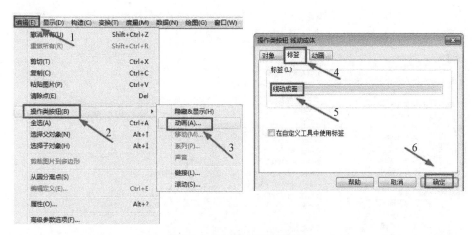

图 4-14　制作动画按钮 2

5. 完善课件。

(1)选中圆及圆上点 A 之外的任意点，依次选择菜单栏中的"显示""隐藏对象"命令，隐藏不需要呈现的对象。

(2)点击工具栏中的"文本工具"，鼠标对准点 A 单击，隐藏标签 A。

(3)保存文件，最终课件如图 4-15 所示。

6. 课件运行方式，让学生点击"线动成面"按钮或直接拖动线段左侧端点，感受动态生成过程，最终效果如图 4-16 所示。

图 4-15　最终课件 2

图 4-16　运行效果 1

面动成体的制作如下。

1. 绘制一个椭圆。依次选择工具栏中的"自定义工具""圆锥曲线 A""椭圆(中心＋定点)"工具，拖动鼠标在绘图区绘制一个椭圆，并调整到合适的大小，以增强立体感，如图 4-17 所示。

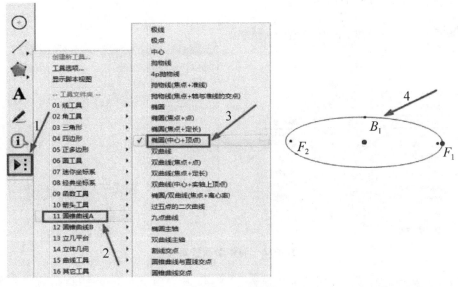

图 4-17　绘制圆

2. 绘制旋转轴。

(1)选择工具栏中的"移动箭头工具"，选中椭圆中心，依次点击菜单栏中的"变换""平移"命令，出现一个对话框，点击"平移"，如图 4-18 所示。

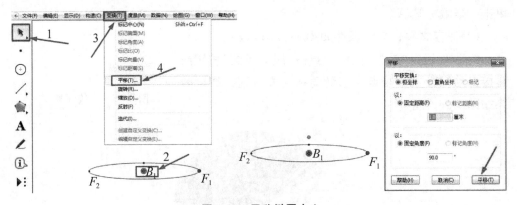

图 4-18　平移椭圆中心

(2)选中椭圆中心及(1)中平移后的点，依次点击菜单栏中的"构造""直线"命令，得到一条直线(点击右键，将线型改为虚线)，将其作为旋转轴，如图 4-19所示。

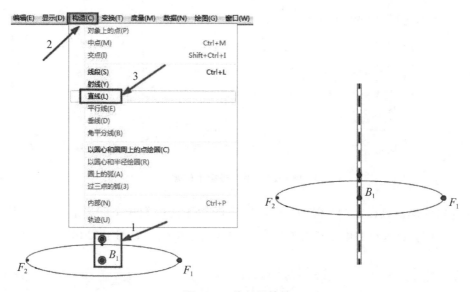

图 4-19　绘制旋转轴

3.绘制旋转矩形。

(1)选择工具栏中的"点工具",分别在椭圆和旋转轴上任取一点,如图 4-20 所示。

(2)选择工具栏中的"移动箭头工具",按顺序选中椭圆中心和(1)中所作的旋转轴上的那个点,依次点击菜单栏中的"变换""标记向量"命令,如图 4-20 所示。

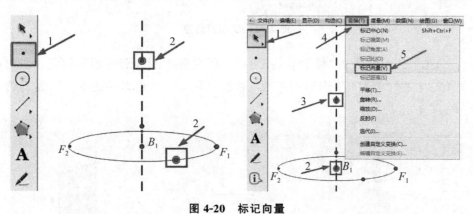

图 4-20　标记向量

(3)选中(1)中所作的椭圆上的那个点,依次点击菜单栏中的"变换""平移"命令,弹出一个对话框,点击"平移",如图 4-21 所示。

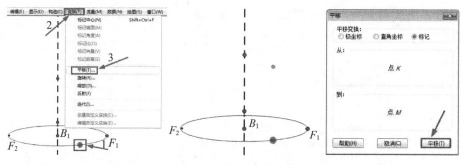

图 4-21　平衡椭圆上的点

(4)选择工具栏中的"线段直尺工具"，顺次连接得到一个四边形；选择"移动箭头工具"，依次对准虚线单击右键，将线型改为实线，如图 4-22 所示。

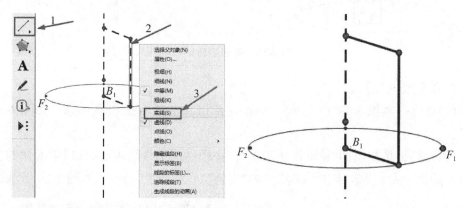

图 4-22　绘制四边形

(5)选择工具栏中的"移动箭头工具"，顺次选中四边形的四个顶点。依次点击菜单栏中的"构造""四边形的内部"命令，得到一个阴影四边形，作为旋转矩形，如图 4-23 所示。

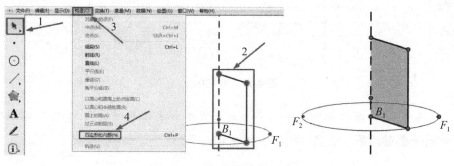

图 4-23　绘制旋转矩形

4.追踪对象。

(1)选择工具栏中的"移动箭头工具"，选中旋转矩形右侧的两个顶点及三条实线边。

（2）依次点击菜单栏中的"显示""追踪对象"命令，使矩形旋转时显现出运动的踪迹，如图 4-24 所示。

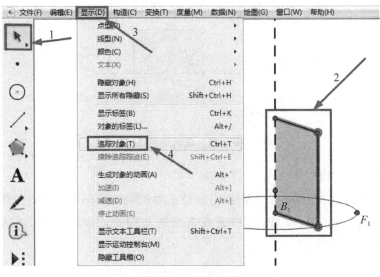

图 4-24　追踪对象

5. 制作动画按钮。

选中之前椭圆上所作的动点，依次选择菜单栏中的"编辑""操作类按钮""动画"命令，弹出一个对话框，修改标签为"面动成体"，最后点击"确定"即得到一个动画按钮，如图 4-25 所示。

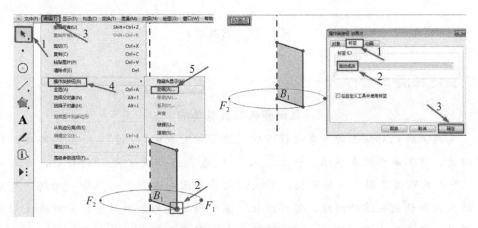

图 4-25　制作动画按钮 3

6. 完善课件。

（1）选择工具栏中的"移动箭头工具"，将椭圆上的动点拖动至顶点 F_1 处，选中椭圆、顶点 F_2，依次选择菜单栏中的"显示""隐藏对象"命令，隐藏不需要呈现的对象。

（2）保存文件，最终课件如图4-26所示。

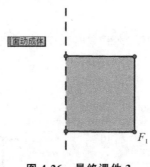

图 4-26　最终课件 3

7. 课件运行方式。

（1）按照上述方法举一反三，做出直角三角形绕着直角边旋转的课件。

（2）让学生点击"面动成体"按钮或直接拖动椭圆顶点，感受动态生成过程，最终效果如图4-27所示。

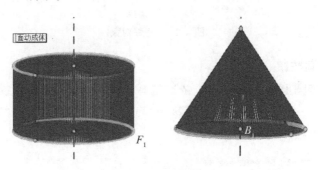

图 4-27　运行效果 2

资源拓展 2：

几何画板的追踪功能

　　几何画板能对动态的对象进行追踪，显示该对象的"踪迹"，如点的踪迹、线的踪迹，可形成曲线或包络。例如，点 A 绕着点 B 以定长进行旋转时，追踪点 A，形成的踪迹是圆；追踪定长，形成的踪迹是圆的内部。利用这一功能，可以让学生预先猜测轨迹的形状，还可以让学生看到轨迹形成的过程，分析轨迹形成的原因，能为学生观察猜想、发现结论、自主探究和探讨交流创设情境。在小学数学行程问题的教学中，从直线上的相遇问题和追及问题，变式到环形上的相遇问题和追及问题，均可利用这一功能，让静态的问题动起来，让枯燥的学习变有趣，从而打开学生的思维，初步培养学生的建模能力与逻辑推理能力。

　　除此之外，这种功能还能将点有规律的运动显示成美丽的图案。有一个比较经典的例子就是追踪两个相离的圆上的动点的连线的中点，分别设置这两个动点同向运动和双向运动，就能得到不同的美丽图案，效果如图 4-28 所示。

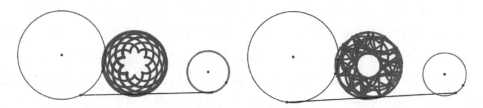

图 4-28　美图欣赏

教学情境 2：

每周一下午例行的五年级数学组备课活动正在进行。

备课组组长李老师说："上周，我们各个班都结束了第四单元'多边形的面积'的新课学习任务，学生对平行四边形、三角形和梯形的面积公式也都有了一定的了解。今天我们备课的主要任务就是对大家近期在本单元的教学中所遇到的困惑进行交流分析，并在此基础上协商本单元的复习教学计划。请大家畅所欲言。"

焦点问题 1：

王老师："最近我批改作业的时候，发现很多学生在求三角形和梯形的面积时会忘记除 2，这是为什么呢？"

刘老师："是啊，我们班的学生也有这种情况。"

罗老师："估计是死记硬背公式吧，很容易记错，缺乏对形的理解。"

李老师："说得很好，几何图形的学习是需要将数和形结合起来进行的。针对这种现象，我们得设计一节复习课，从形的角度出发，引导学生加深对平行四边形、三角形以及梯形的面积之间关系的理解。"

要怎么设计呢？大家暂时都没有头绪。

焦点问题 2：

李老师："请大家翻到课本第 57 页，'试一试'的第 2 小题(图 4-29)，你们是怎么讲解这道题的？"

计算下列三角形的面积，你发现了什么？

它们的底是 3 cm，高一样……

难道它们的面积也都一样大？

图 4-29　教材情境图

刘老师："我先让学生独立思考，然后在小组内进行交流，最终几乎都在组内得到了解决。"

罗老师："我用几何画板做了一个课件，在学生独立思考交流的基础上，让一个学生上台拖动三角形的顶点，顶点在平行线上运动的过程中，三角形的面积始终保持不变，学生很顺利地得出了'同底等高的三角形面积相等'这个结论。"

李老师："大家的做法都很不错，特别是罗老师，能利用几何画板创设动态情境，增加学生的感性经验，值得大家学习。这几天我一直在思考，是否能在此题的基础上进行变式设计，让学生自主探究，挖掘出高阶的知识。"

解决办法：教师们针对以上两个焦点问题各抒己见，最后达成一致，决定利用几何画板来制作课件，借助它的动态图形功能来实现图形之间的转化。

资源拓展3：

几何画板的动态图形功能

几何画板做出的图形是动态的，可以在图形变化时保持设定不变的几何关系。比如，构造某条线段的中点后，随着线段的位置、长短、斜率发生变化，该中点的位置也发生变化，但永远是该线段的中点。因此，运用几何画板的动态图形功能，能在变化的图形中发现不变的几何规律，为教师开展数学实验、进行探索式教学提供了很好的工具。

焦点问题3：

表4-6 "探索平行四边形、三角形和梯形的面积之间的关系"教学设计片段

活动	设计目的	内容	学生活动	课件运行方式及效果
活动1	复习平行四边形面积的求法，并为后面的探究做准备。	求出平行四边形的面积，其中底为10、高为6。	学生快速地通过公式计算出平行四边形面积为60。	几何画板出示一个底为10、高为6的平行四边形。
活动2	复习梯形面积的求法，并在不断变化的过程中培养学生的观察与归纳能力。	1. 求出梯形的面积，其中上底为2，下底为8，高保持不变，仍然为6。 2. 将梯形面积与原平行四边形面积进行比较。	学生计算出变化过程中梯形的面积为30，从数据上很容易得出面积是平行四边形面积的一半；再从形的角度观察图形，巩固认知。	1. 点击按钮，隐藏平行四边形，出现一个上底为2、下底为8、高为6的梯形，如图4-30所示。 图4-30

设计目的	内容	学生活动	课件运行方式及效果
	3. 不停地变换梯形上底和下底的长度，但保持它们的和不变，仍然为10，求出梯形的面积（在此过程中不停地与原平行四边形进行比较）。		2. 点击按钮，出现原平行四边形，观察它们面积之间的关系，如图4-31所示。 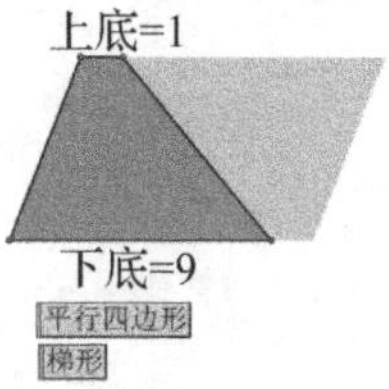 上底=1 下底=9 平行四边形 梯形 **图 4-31** 3. 拖动右侧顶点，不停地变换梯形上底和下底的长度，并点击按钮出现原平行四边形，如图4-32所示。 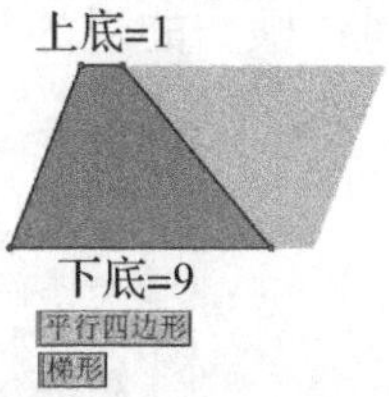 上底=1 下底=9 平行四边形 梯形 **图 4-32**
活动3	1. 复习三角形面积的求法。 2. 从数与形两个方面出发，探究三角形面积与平行四边形面积之间的关系，明确计算三角形面积时要除2。	1. 拖动梯形的顶点，使得上底或下底为0时，就形成了一个三角形，计算此三角形的面积。 2. 将梯形面积与原平行四边形面积从数和形两个方面进行比较。	1. 学生计算出三角形的面积为30，从数据上很容易得出面积是平行四边形面积的一半。 2. 从形的角度观察图形，巩固认知。	拖动右侧顶点形成三角形，并点击按钮出现原平行四边形，如图4-33所示。 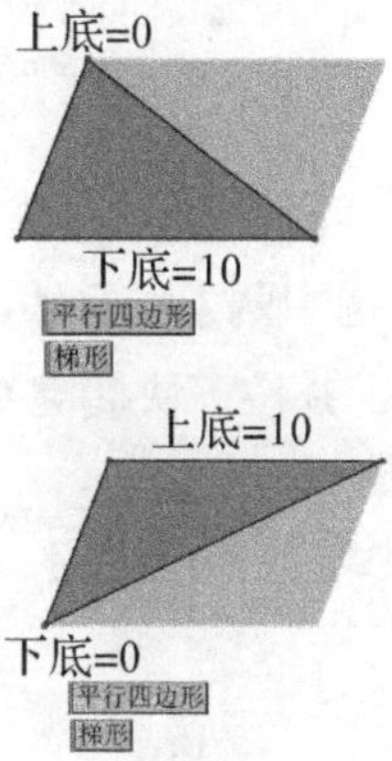 上底=0 下底=10 平行四边形 梯形 上底=10 下底=0 平行四边形 梯形 **图 4-33**

下面介绍表4-6中几个活动的课件的制作方法。

1. 绘制一个平行四边形，使它的底为10，高为6。

(1)打开几何画板，依次点击工具栏中的"线段直尺工具""直线工具"，用鼠标在绘图区拖动构造一条直线，拖动时按住Shift键以保证直线水平，如图4-34所示。

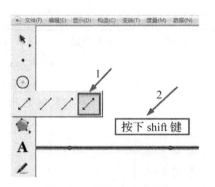

图 4-34　绘制水平直线

(2)选中水平直线，依次点击菜单栏中的"变换""平移"命令，在弹出的对话框中修改固定距离为"6"，修改固定角度为"90.0"，点击"平移"，得到一组距离为 6 的平行线，如图 4-35 所示。

说明：操作的目的是使平行四边形的高为 6。

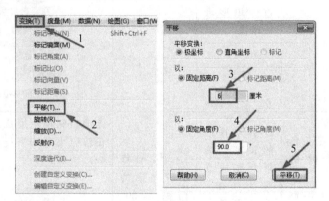

图 4-35　绘制平行线

(3)选中两条平行线(选中后会变为红色)，依次点击菜单栏中的"构造""直线上的点"命令，并按下快捷键 Ctrl＋K，得到平行线上的两个点 A 和 B，如图 4-36 所示。

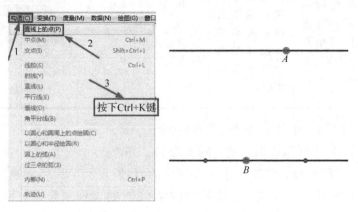

图 4-36　绘制平行线上的两个点

（4）选中点 A 和点 B，依次点击菜单栏中的"变换""平移"命令，在弹出的对话框中修改固定距离为"10"，修改固定角度为"0"，点击"平移"，并按下快捷键 Ctrl＋K，得到点 A 和点 B 向右平移 10 厘米后的点 A' 和点 B'，如图 4-37 所示。

说明：操作的目的是使平行四边形的底为 10。

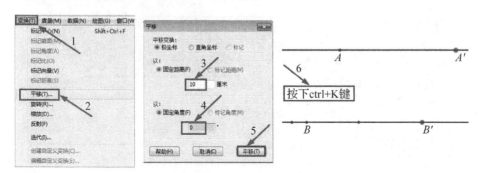

图 4-37　平移点

（5）选中除去点 A、点 B、点 B'、点 A' 以外所有的对象，依次点击菜单栏中的"显示""隐藏对象"命令，隐藏不需要呈现的对象，效果如图 4-38 所示。

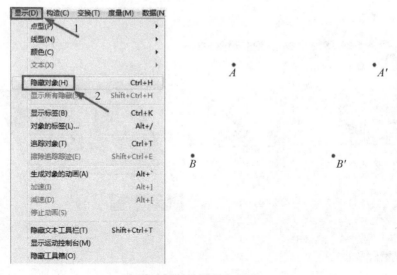

图 4-38　隐藏多余对象

（6）顺次选中点 A、点 B、点 B'、点 A'，按下快捷键 Ctrl＋L，构造出平行四边形的四条边；再次按顺序选中点 A、点 B、点 B'、点 A'，依次点击菜单栏中的"构造""四边形的内部"命令，构造出平行四边形的内部，如图 4-39 所示。

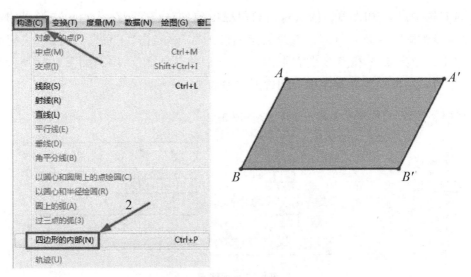

图 4-39　构造平行四边形内部

（7）选中平行四边形的内部，依次点击菜单栏中的"编辑""操作类按钮""隐藏 &
显示"命令，会出现一个控制按钮，单击它可控制平行四边形内部的显示或隐藏，
如图 4-40 所示。

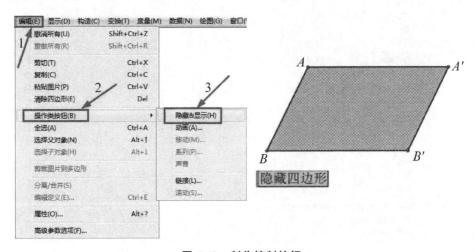

图 4-40　制作控制按钮

2. 绘制一个梯形，使它的上底与下底的和始终为 10。

3. 选中线段 AA'，依次点击菜单栏中的"构造""线段上的点"命令，得到一
点，按下快捷键 Ctrl＋K，添加标签为点 C，效果如图 4-41 所示。

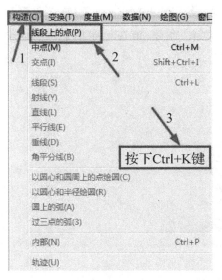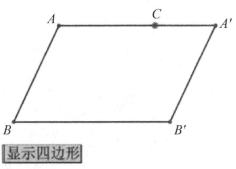

图 4-41 添加点

(1)选中点 A、点 B'，依次按下快捷键 Ctrl＋L、Ctrl＋M 和 Ctrl＋K，构造出线段 AB' 的中点 D，效果如图 4-42 所示。

(2)双击点 D，此时点 D 闪烁，代表将其设为了旋转中心；选中点 C，依次点击菜单栏中的"变换""旋转"命令，弹出一个旋转参数框，修改固定角度为"180.0"，点击"旋转"，并按下快捷键 Ctrl＋K 对点添加标签，得到点 C 旋转后的点 C'，效果如图 4-43 所示。

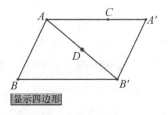

图 4-42 构造中点

说明：将点 C 绕着中点 D 旋转变换是为了得到两组全等三角形，根据全等三角形的性质得出 $AC = B'C'$，$A'C = BC'$，最终实现在图形运动过程中，保持梯形的上底与下底的和不变的目的。

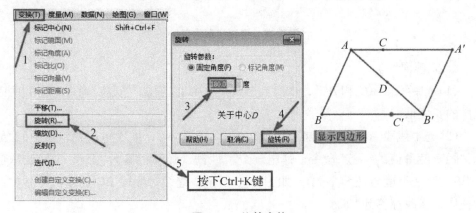

图 4-43 旋转变换

(3)选中除点 C、点 A、点 B、点 C' 和线段 AB 以外所有对象(变为红色表示已选中),依次点击菜单栏中的"显示""隐藏对象"命令(或在选中后直接按下快捷键 Ctrl+H),隐藏不需要出现的对象,效果如图 4-44 所示。

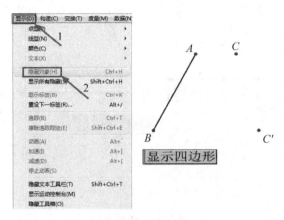

图 4-44 隐藏多余对象

(4)顺次选中点 B、点 C'、点 C、点 A,按下快捷键 Ctrl+L,得到梯形的四条边;再次选中梯形的四个顶点,依次点击菜单栏中的"构造""四边形的内部"命令,构造出梯形的内部,如图 4-45。

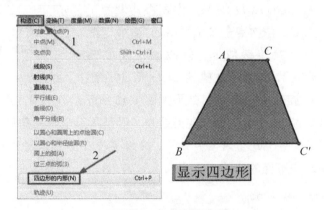

图 4-45 构造梯形内部

4. 完善课件。

(1)选中线段 AC 和 BC',依次点击菜单栏中的"度量""长度"命令,得到两条线段的长度值。

(2)选中线段 AC 的度量值(变为红色表示已选中),依次点击菜单栏中的"显示""距离度量值的标签"命令,弹出一个属性框,修改标签为"上底",修改数值为"单位"(使得度量值为整数),如图 4-46 所示,继续对线段 BC' 的度量值做类似的操作,修改标签为"下底"。

极简教育技术与小学数学教学

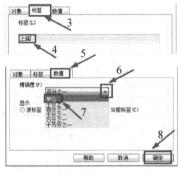

图 4-46　完善上下底标签

（3）选中点 A、点 B、点 C'、点 C，按下快捷键 Ctrl＋K，隐藏各个顶点的标签。

（4）鼠标右键点击"显示四边形按钮"，选中"属性"命令，弹出一个对话框，修改标签为"平行四边形"，并调整各对象至合适的位置，效果如图 4-47 所示。

（5）选中除去按钮"平行四边形"以外的所有对象，依次选择菜单栏中的"编辑""操作类按钮""隐藏（显示）"命令，出现一个按钮，右键点击这个按钮，修改标签为"梯形"，用来控制梯形的隐藏和显示。

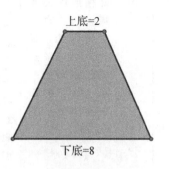

图 4-47　制作平行四边形按钮

焦点问题 4：

表 4-7　"在平行四边形或梯形中画最大的三角形"教学设计片段

活 动	设计目的	内容	学生活动	课件运行方式及效果
探究活动一	巩固"同底等高的三角形面积不变"这个知识点，并明确平行四边形内面积最大的三角形有无数个，最大面积为平行四边形面积的一半，剩下的面积也为平行四边形面积的一半。	1. 探究：你能在平行四边形内画出一个面积最大的三角形吗？ 2. 进一步探究：面积最大的三角形有多少个。 3. 深入探究：剩下的面积与原平行四边形的面积有什么关系呢？	1. 动手画出平行四边形内最大的三角形，并在组内进行交流。 2. 观察图形的动态变化，探讨得出这样的三角形有无数个，并思考剩下部分图形的面积。	1. 根据学生的画法，用几何画板现场作图，并度量出所画三角形的面积，大致有以下几种情况（图 4-48）。 **图 4-48** 2. 拖动三角形的顶点变换图形，观察到三角形面积保持不变，明确这样的三角形有无数个（图 4-49）。 **图 4-49**

活动	设计目的	内容	学生活动	课件运行方式及效果
探究活动二	将探究活动一中的问题背景改变为梯形，再次巩固"同底等高的三角形面积不变"这个知识点，并明确梯形内面积最大的三角形有无数个，最大面积为较长的底乘高的一半，剩下的面积为较短的底乘高的一半。	拖动平行四边形右上侧的顶点，得到一个梯形，类比探究活动一做如下探究。1. 你能在这个梯形内画出一个面积最大的三角形吗？2. 进一步探究：面积最大的三角形有多少个。3. 深入探究：剩下的面积可以怎么计算？	1. 动手画出梯形内最大的三角形，并在组内进行交流。2. 观察图形的动态变化，探讨得出这样的三角形有无数个，并思考剩下部分图形的面积。	1. 根据学生的画法，用几何画板现场作图，并度量出所画三角形的面积，大致有以下几种情况（图4-50）。图 4-50 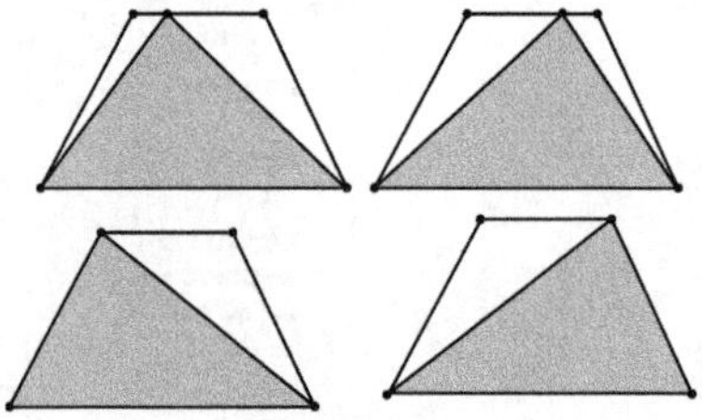 2. 拖动三角形的顶点变换图形，观察到三角形面积保持不变，明确这样的三角形有无数个（图4-51）。图 4-51 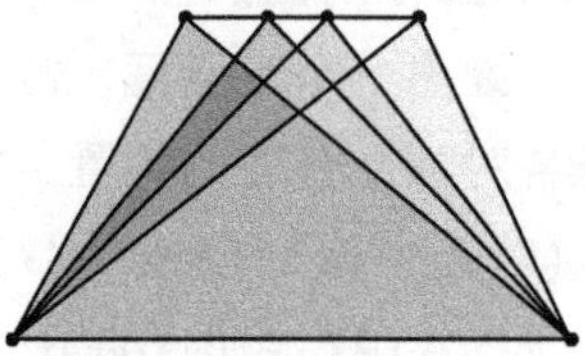
拓展应用	将所得结论进行巩固应用，举一反三。	应用1：如图，已知平行四边形的面积为16，求阴影部分的面积（图4-52）。图 4-52 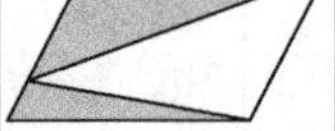 应用2：如图，已知梯形上底为6，高为10，求阴影部分的面积（图4-53）。图 4-53 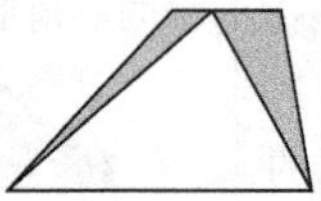	学生独立思考后，在小组内进行交流，最终解决问题。	需要的时候可以利用几何画板现场作图，将图形进行变换。

活动	设计目的	内容	学生活动	课件运行方式及效果
		应用 3：如图 4-54 所示，在梯形中比较甲的面积与乙的面积的大小关系。 甲 乙 **图 4-54** 应用 4：如图 4-55 所示，图（2）的面积减图（3）的面积＿＿＿图（1）的面积（横线上填＞，＜或＝）。 （1）（3） （2） **图 4-55**		

下面介绍表 4-7 中几个活动的课件的制作方法。

1. 绘制一个平行四边形。

打开几何画板，依次选中工具栏中的"自定义工具""四边形""平行四边形"工具，在绘图区拖动鼠标，绘制一个平行四边形。继续拖动顶点，调整平行四边形至合适的大小；选中四个顶点，按下快捷键 Ctrl＋K，为四个顶点添加标签，得到一个平行四边形 $ABCD$，效果如图 4-56 所示。

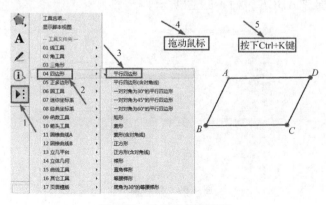

图 4-56 绘制平行四边形

2. 绘制梯形。

(1)选中线段 AD，依次选择菜单栏中的"构造""线段上的点"命令，再按下快捷键 Ctrl＋K，构造出线段上的点 E，如图 4-57 所示。

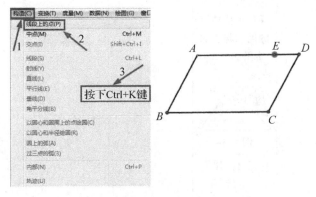

图 4-57　绘制点

(2)选中除去点 C、点 E、点 A、点 B 以外的所有对象，依次选择菜单栏中的"显示""隐藏对象"命令，如图 4-58 所示。

图 4-58　隐藏多余对象

(3)顺次选中点 A、点 B、点 C、点 E，依次选择菜单栏中的"构造""线段"命令，得到一个梯形 $ABCE$，如 4-59 图所示。

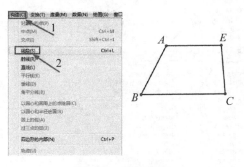

图 4-59　绘制梯形

说明：鼠标拖动点 E 可将图形在平行四边形与梯形之间进行自由切换，这样便于将探究活动一的活动切换到探究活动二。

3. 完善课件。

(1) 向右拖动点 E，使四边形 $ABCE$ 成为一个平行四边形。

(2) 选中点 A、点 B、点 C、点 E，按下快捷键 Ctrl＋K，隐藏顶点的标签，如图 4-60 所示。

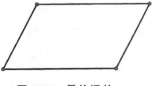

图 4-60　最终课件 4

教学情境 3：

继上周年级举行数学竞赛以来，学生们在数学学习上异常积极，主动要求李老师每天额外留几道有难度的题目作为作业。起初，看到学生这么高涨的学习热情，李老师特别高兴，可没过几天，李老师就在某些题目的讲解方法上犯了愁。特别是有关求图形阴影部分面积的题目，这类题目涉及图形的旋转、翻折等。由于学生缺乏一定的空间想象能力，传统的教学方法很难让学生理解透彻。怎样才能让学生直观地感受这些变换过程呢？

解决方法：

通过多方查阅资料和请教其他有经验的教师，李老师决定利用几何画板来制作课件，动态演示图形，以便学生能直观地感受图形的变换过程。以下为李老师的几种解决办法。

解决办法 1。

表 4-8　题目 1

题目 1	解答过程	课件运行方式及效果
如图所示，两个正方形并排放置，若小正方形的边长为 4，求阴影部分的面积（图 4-61）。 图 4-61	连接大正方形的对角线，通过"同底等高的三角形面积相等"这一结论，将阴影部分面积转化为小正方形面积的一半（图 4-62）。 图 4-62 阴影部分面积为：$4 \times 4 \div 2 = 8$。	拖动点 H 向点 C 运动，此时阴影部分也随之运动，最后变成小正方形的一半，大致过程如图 4-63 所示。 图 4-63

表 4-8 题目的课件制作方法如下。

1. 绘制一个大正方形。

选中工具栏中的"自定义工具""四边形""正方形"工具，在绘图区拖动鼠标，得到一个正方形，拖动顶点调整至合适大小；选中四个顶点，按下快捷键 Ctrl＋K，为顶点添加标签，如图 4-64 所示。

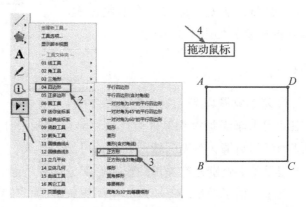

图 4-64　绘制大正方形

2. 绘制并排放置的小正方形。

按上一步操作继续选中"正方形工具"，此时鼠标显示一个点，将此点与点 C 重合后按住鼠标左键，沿着边 CD 拖动鼠标至合适位置，得到一个小正方形。选中小正方形的顶点，按下 Ctrl＋K 键，如图 4-65 所示。

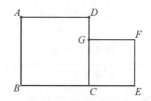

图 4-65　绘制并排放置的小正方形

3. 绘制阴影部分。

选中点 A、点 G、点 E，依次选择菜单栏中的"构造""线段"命令，构造出阴影三角形的三条边；再次选中这三个点，依次选择菜单栏中的"构造""三角形的内部"命令，可得到要求的阴影部分，如图 4-66 所示。

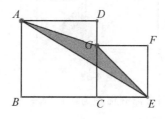

图 4-66　绘制阴影部分

4. 绘制可移动的阴影部分。

(1)选中点 A、点 C，依次选择菜单栏中的"构造""线段"命令，构造出线段 AC。

(2)选中线段 AC，依次选择菜单栏中的"构造""线段上的点"命令，线段 AC 上出现一个自由点。按下快捷键 Ctrl＋K，添加标签为点 H。

(3)选中点 G、点 H、点 E，依次选择菜单栏中的"构造""三角形的内部"命令，得到可移动的阴影部分。拖动点 H，阴影部分可随之变化，如图 4-67 所示。

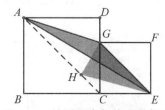

图 4-67　绘制可变化的阴影部分

5. 完善课件。

选中点 A、点 B、点 E、点 F、点 G、点 D，依次选择菜单栏中的"显示""隐藏点"命令，隐藏点的标签；拖动点 H 与点 A 重合，如图 4-68 所示。

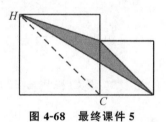

图 4-68　最终课件 5

解决办法 2。

表 4-9　题目 2

题目 2	解答过程	课件运行方式及效果
如图所示，空白部分为正方形，阴影部分三角形的斜边分别为 12 和 18，求阴影部分的面积(图 4-69)。	将斜边为 12 的直角三角形逆时针旋转 90 度，与斜边为 18 的直角三角形拼成一个新的底为 12、高为 18 的直角三角形，这个直角三角形的面积即为阴影部分的面积：$12 \times 18 \div 2 = 108$，如图 4-70 所示。	拖动点 G，随着点 G 的运动，斜边为 12 的直角三角形也随之运动，最后拼成一个新的直角三角形(图 4-71)。
图 4-69	图 4-70	图 4-71

表 4-9 题目的课件制作方法如下。

1. 绘制一个正方形。

选中工具栏中的"自定义工具""四边形""正方形"工具，在绘图区拖动鼠标，得到一个正方形，拖动顶点调整至合适大小；选中四个顶点，按下快捷键 Ctrl＋K，为顶点添加标签，如图 4-72 所示。

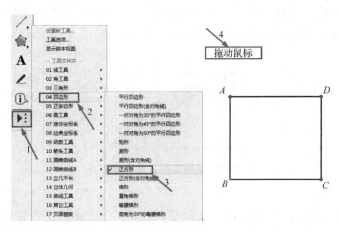

图 4-72　绘制正方形

2. 绘制阴影部分。

选中点 B、点 A，依次选择菜单栏中的"构造""射线"命令，构造射线 BA，继续上述操作，构造射线 BC。

(1)选中工具栏中的"直线工具"，将鼠标指向点 D，按下鼠标并拖动，构造出一条过点 D 的直线。

(2)选中这条直线及射线 BA，依次选择菜单栏中的"构造""交点"命令，按下快捷键 Ctrl＋K，得到交点 E。重复此操作，得到射线 BC 与直线的交点 F。

(3)选中两条射线及直线，按下快捷键 Ctrl＋H，隐藏对象，并选中"线段工具"，依次连接 AE、ED、DF、CF。

(4)选中点 A、点 E、点 D，依次选择菜单栏中的"构造""三角形的内部"命令，构造出△EAD 的内部阴影。继续选中点 D、点 C、点 F，重复以上操作，构造出△DCF 的内部阴影，如图 4-73 所示。

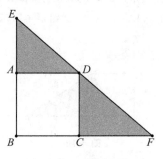

图 4-73　绘制阴影部分

极简教育技术与小学数学教学

3. 绘制可移动的阴影部分。

(1)顺次选中点 D 和点 A，依次选择菜单栏中的"构造""以圆心和圆周上的点绘圆"命令，构造一个圆。继续选择菜单栏中的"构造""圆上的点"命令，并按下快捷键 Ctrl＋K，得到圆上的一个自由点 G。

(2)选中工具栏中的"线段工具"，连接线段 DG，选中 DG 和点 G，依次选择菜单栏中的"构造""垂线"命令，得到线段 DG 的垂线；顺次选中点 D 和点 E，依次选择菜单栏中的"构造""以圆心和圆周上的点绘圆"命令，构造一个以 DE 为半径的圆；选中工具栏中的"点工具"，构造这个圆和垂线的一个交点，并按下快捷键 Ctrl＋K，得到交点 H，效果如图 4-74 所示。

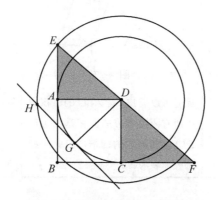

图 4-74　绘制可移动的阴影部分

4. 完善课件。

(1)选中垂线和两个圆，按下快捷键 Ctrl＋H，隐藏对象。

(2)选择工具栏中的"线段工具"，连接线段 DH、HG。

(3)选中点 D、点 G、点 H，依次选择菜单栏中的"构造""三角形的内部"命令，得到△DHG 的内部阴影。

(4)拖动点 G，使点 H 与点 E 重合，如图 4-75 所示。

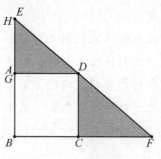

图 4-75　最终课件 6

解决办法3。

表4-10 题目3

题目3	解答过程	课件运行方式及效果
如图所示，△*ABC* 的面积是88，将一部分翻折后点 *A* 落在点 *A′* 处，阴影部分的面积是36。求四边形 *DEFG* 的面积是多少（图4-76）。 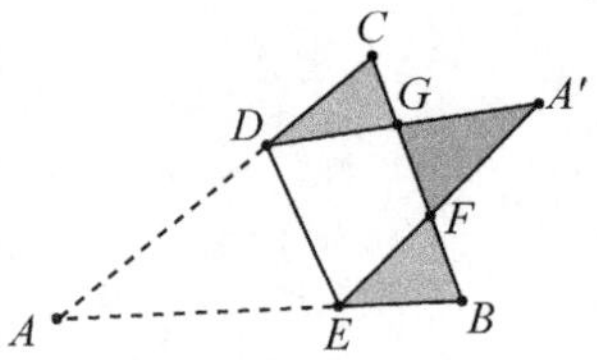 图4-76	分析：这道题不仅考查了学生对翻折的应用，还考查了学生的逆向推理能力，将图形翻折回去，如图4-77所示。 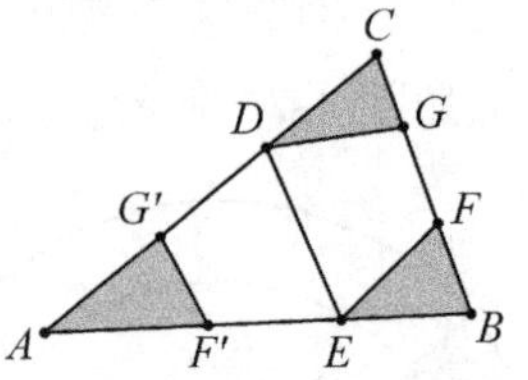 图4-77 此时可以看出，△*ABC* 的面积减去所有阴影部分的面积是四边形 *DEFG* 的面积的两倍，因此阴影部分面积为(88−36)÷2=26。	拖动点 *A′*，△*DEA′* 随之运动，当点 *A* 与点 *A′* 重合时即可得出结论，运动的大致过程如图4-78所示。 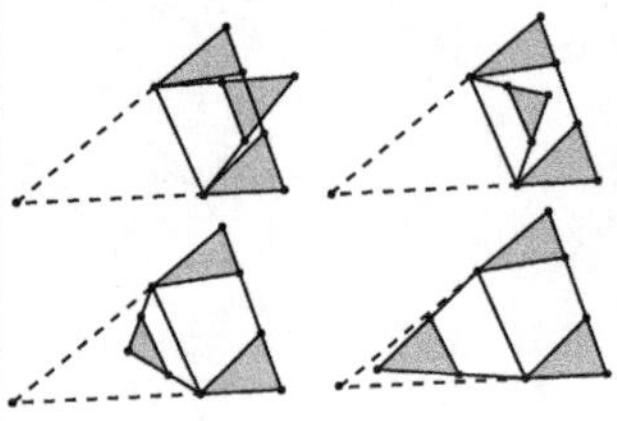 图4-78

资源拓展4：

几何画板中"点的值"

几何画板从5.0版本开始，在"度量"菜单中增加了一个新的命令"点的值"。"点的值"是刻画点在各种路径（线段、直线、弧、函数图像等）上的相应位置的一个量，这个数值与路径上的点成一一对应关系。比如，自点 *A* 向点 *B* 绘制一条线段 *AB*，点 *C* 在线段 *AB* 上（可与 *A*、*B* 重合），*C* 的点值就是线段 *AC* 与 *AB* 长度的比值。除此以外，*C* 的点值还有另一种理解方式，即是以 *A* 为原点、以 *B* 为单位点所形成的数轴上的坐标。

引入"点的值"，可以用数来精确地控制点在路径上的位置，同时还可以进行联动设置等。比如，可以通过控制线段上点的运动来控制圆上点的运动。利用这种功能，可巧妙地实现图形的同步平移、旋转等。作为形的"点"和作为数的"值"结合在了一起，这种功能是数形结合思想在教学软件中的又一次应用。

表4-10题目的课件制作方法如下。

1. 绘制一个三角形及折痕。

(1)打开几何画板，选中工具栏中的"线段工具"，在绘图区按住鼠标右键构造一个三角形。选中三角形的三个顶点，按下快捷键 Ctrl＋K 添加标签，得到一个△*ABC*。

(2)继续选中工具栏中的"线段工具"，构造一条线段，使线段的两个端点分别在线段 AC 和 BC 上。选中线段的两个端点，按下快捷键 Ctrl＋K 添加标签，得到折痕 DE，如图 4-79 所示。

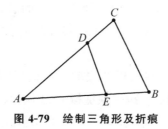

图 4-79　绘制三角形及折痕

2. 绘制翻折后的三角形。

(1)选中线段 DE，依次选择菜单栏中的"变换""标记镜面"命令(或是直接用鼠标双击)。

(2)选中点 A，依次选择菜单栏中的"变换""反射"命令，按下快捷键 Ctrl＋K 添加标签，得到点 A 关于线段 DE 的对称点 A'。

(3)选中点 A'、点 D，按下快捷键 Ctrl＋L，构造线段 $A'D$，重复此操作，构造线段 $A'E$。

(4)选中线段 $A'D$ 和 BC，依次选择菜单栏中的"构造""交点"命令，按下快捷键 Ctrl＋K 添加标签，得到 $A'E$ 与 BC 的交点 F。选中线段 $A'D$ 和 BC，重复以上操作，得到 $A'D$ 与 BC 的交点 G，如图 4-80 所示。

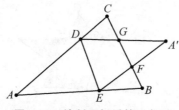

图 4-80　绘制翻折后的三角形

3. 绘制交点的对称点。

双击线段 DE，标记为镜面。选中点 F 和点 G，依次选择菜单栏中的"变换""反射"命令，继续按下快捷键 Ctrl＋K 添加标签，得到点 F 和点 G 关于线段 DE 的对称点 F' 和 G'，如图 4-81 所示。

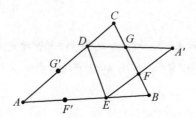

图 4-81　绘制交点的对称点

4. 绘制可活动的三角形。

(1)选中工具栏中的"线段工具"，依次构造线段 $G'G$、AA' 和 $F'F$。

(2)选中线段 $A'A$，依次选择菜单栏中的"构造""线段上的点"命令，并继续按下快捷键 Ctrl＋K 添加标签，得到线段 $A'A$ 上的点 H。

(3)选中点 H，依次选择菜单栏中的"度量""点的值"命令，得到点值"H 在 $A'A$ 上，为 0.36"。

(4)右键点击线段 $G'G$，在出现的菜单栏中选择"在线段上绘制点"，弹出一个对话框，单击"点值""绘制"，按下快捷键 Ctrl＋K 添加标签，得到线段 $G'G$ 上的点 I。继续右键点击 $F'F$，重复上面的操作，得到线段 $F'F$ 上的点 J。

5. 完善课件。

(1)选中工具栏中的"线段工具"，依次构造线段 DI、HI、HJ、JE、FG、IJ。

(2)选中线段 $G'G$、AA'、$F'F$ 和点 F'、点 G'，按下快捷键 Ctrl＋H 隐藏对象。

(3)选中点 D、点 C、点 G，按下快捷键 Ctrl＋P(也可依次选择菜单栏中的"构造""三角形的内部"命令)，构造出△DGC 的内部阴影。重复以上操作，构造出△BEF 和△HIJ 的内部阴影。

(4)选中点 I、点 J、点 A'，按下快捷键 Ctrl＋H 隐藏对象，最后拖动点 H 与点 A' 重合，如图 4-82 所示。

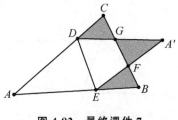

图 4-82　最终课件 7

资源拓展 5：

与几何画板功能类似的软件

1. 网络画板。

网络画板的使用步骤如下。

步骤 1：搜索"网络画板"，一般情况下第一个便是要找的网页——"网络画板 | 开放、共享的数学实验室"，如图 4-83 所示。

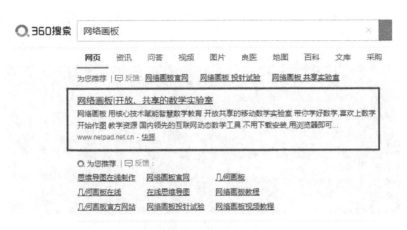

图 4-83　搜索页面

　　步骤 2：进入页面后，点击右上角进入注册账号，这样可以把你的作图成果保存在网络上，如图 4-84、图 4-85 所示。

图 4-84　注册账号 1

图 4-85　注册账号 2

步骤 3：注册成功后，点击"开始作图"，进入你自己的网络画板，如图 4-86 所示。

图 4-86　进入网络画板

作图界面如图 4-87 所示。

图 4-87　网络画板作图界面

2. GeoGebra。

GeoGebra 的安装步骤如下。

步骤 1：搜索 GeoGebra，进入官网下载，如图 4-88、图 4-89 所示。

图 4-88　搜索链接

图 4-89　进入官网下载

步骤 2：选择"已同意并阅读下载协议"，一键安装，如图 4-90 所示。

图 4-90　一键安装

后　记

　　本书的起源可以追溯到 2017 年在新疆石河子的一次教师培训活动。当时，我受邀作题为"极简信息技术的教学应用"的专题讲座，在培训中，我幸运地邂逅了备受尊敬的黎加厚教授（我就是黎教授在《现代极简教育技术》一书中提到的那个来自成都的讲着四川口音普通话的青年教师）。黎教授与我是同乡，而且也在我现任的学校担任过教职，一直是我学习的榜样。之前黎教授虽多次来学校指导相关工作，但总缺少深入交流的机会。

　　此次培训活动之余，作为小老乡，我向黎教授汇报了我的一些工作情况和思考，谈到当天的讲座内容，黎教授给了我很多方向性的指导，并鼓励我继续开展相关的研究工作。

　　自此以后，与黎教授的交流多了起来，黎教授多次指导与鼓励我开展极简教育技术的相关研究。大约在 2020 年，黎教授通过"极简教育技术在基础教育领域的兴起"一文，正式提出了"极简教育技术"的概念；在黎教授的主导下，《现代极简教育技术》一书正式由北京师范大学出版社出版，取得了良好的反响，也为极简教育技术的研究奠定了基础。

　　在黎教授完成极简教育技术奠基的基础上，他再次鼓励我参与极简教育技术研究的系列工作。在黎教授的带领下，我参与了论文"极简教育技术，让技术赋能每一个教师和学生——极简技术的兴起与界定""极简教育技术，让技术赋能每一个教师和学生——极简教育技术的应用实践及未来发展"的合作撰写工作，并发表"极简视野下乡村学校的一对一数字化教学模型实践"等论文，然后，才有了本书编写工作的开展。

　　本书的编写从选题到定稿历时一年半，参与书籍编写的各位编委老师都很务实，负责本书出版工作的北京师范大学出版社的各位编辑也都很负责，但因为各方面的原因，在书籍的体系没有明显改变的情况下，内容一直有微调，直到 2023 年秋季才真正定稿。在此，要感谢参与本书编写的教师：左贤春、汪海鹰、靳亚南、赵杰、张誉川、康正琼、张慧、王惠，感谢老师们的辛勤付出，使得本书得以顺利完成。也要特别感谢北京师范大学出版社的冯谦益编辑及责任编辑等，谢谢你们提供的专业帮助。

　　本书在编写的过程中，有参考和引用现已发行的相关书籍与其他公开资料的内容，在此，对书籍的作者及资料的提供者表示感谢。

　　尽管本书编写团队很努力，但由于技术的快速发展和编者水平的局限性，本书难免存在不足之处。恳请读者朋友们不吝赐教，提出宝贵的意见和建议。同时，我们也欢迎读者朋友们通过本书构建的平台，分享更符合极简教育技术精神的新技术、新应用和新资源，共同推进极简教育技术在小学数学教学中的应用与发展，为基础教育信息化注入更多的智慧与活力。

周雄俊

2024 年 1 月 1 日